端島に生まれ育ち閉山まで働いた記録

私の軍艦島記

加地 英夫
Hideo Kaji

望郷の端島

—私の秘蔵アルバムから

閉山のとき描いた油絵　この絵は閉山のとき滋賀県に就職した弟に頼まれて描いた。1974年5月17日号の「朝日ジャーナル」の記事のなかにとりあげられた。

空気防波堤実験のときの空撮　度重なる台風被害を克服しようと、海中に泡の防波堤ができないかと実験したときの写真。実験だけで泡防波堤は実現はしなかった©

貯炭場と積込風景　端島産の石炭は最高級鋳物用原料炭で、評判が高かった©

端島東側の風景　ここには竪坑ヤグラ、山道などの島の中心部が見えるⒷ

閉山記念に空撮された端島　「軍艦島―端島労働組合解散記念史」に掲載された写真。左上方は高島、中央右の島は中の島©

二坑ヤグラ　坑内に入るときの重要なヤグラで島のシンボル。左に見える階段をのぼって地上40メートルの上層で作業するときは足がふるえた

上．昭和30年上層開発の追水卸の測量
中．追水卸底の古洞溜水
下．疎水卸底

ドルフィン桟橋の光と影　昭和29年に初代のドルフィン桟橋が完成して送迎のにぎわいが生まれた（上）。2年後の昭和31年の9号台風で全壊（中）。空気防波堤実験（下）は自然克服の試みだったが失敗に（すべて©）

二坑ヤグラの修理　昭和30年8月に二坑ヤグラのひずみを修正した。地盤沈下によって歪みが生じ、60センチ狂っていた。その修理記録写真がアルバムに残っている

住み処の記憶

神社の裏手の
岩山で

65号棟の自宅から
の眺望を撮影した
もの（上、下）

若き日の私と住宅事情　右上の写真は工作課勤務時代の私のポートレートである。住まいははじめ26号棟（船頭長屋）、19号棟、そして新婚時代が30号棟、最後に65号棟だった。9階だての65号棟は学校のとなりで、眺望がよかった。下の2枚の写真はそのころの写真

廃墟になった社宅跡　閉山後、いろいろの取材班といっしょに島に入った。家族とすごした住宅跡（19号棟）は無惨な廃墟となっていた（撮影 松尾順造）

最後の住宅跡に涙する　閉山後の65号棟の荒れようには言葉をうしなった。夏草の生い茂る庭では子どもたちの声が聞こえていたのだが（撮影 松尾順造）

端島神社の鳥居　端島の人々の心のよりどころが端島神社だった。安全を祈願し、山神祭では神輿行列もにぎわった（左上Ⓑ）。　いま、神社の鳥居も風化が進む（右上、撮影 松尾順造）

風化が進む地蔵像　島でたったひとつの寺はどの宗派も受けいれた。ここにあった地蔵像は閉山後風化が進んで無惨な姿に

「私の軍艦島記」発刊に寄せて

長崎市長　田上　富久

加地英夫さんは端島で生まれました。子ども時代を端島で過ごし、高校生のとき長崎市に出て故郷を外から見たあとは、ふたたび端島にもどり、就職し、結婚し、子どもを育て、そして閉山を見届けました。

その加地さんが、端島の姿を、島の内側からの目で書き残してくれたのがこの本です。行間には端島への愛情があふれ、ともに暮らした人たちへの思いが伝わってきます。その意味では、この本は加地さんの自分史です。しかし、それに留まらず、端島の昭和史でもあり、またそれ以上の〝伝えるべきもの〟が含まれているように感じます。

端島（軍艦島）は、2015年（平成27）7月、「明治日本の産業革命遺産～製鉄・製鋼、造船、石炭産業」の構成資産として、世界文化遺産に登録されました。それは、この島が日本の発展に大いに貢献した〝産業の島〟であったことを示しています。

また端島は、当時、最先端をいく鉄筋コンクリート造の建物が数多く建てられた〝コンクリートの島〟でもありました。1974年（昭和49）の閉山以後、風雨にさらされて次第に朽ちていきつつある建物たちは、いまも専門家の研究対象になっています。

そして何よりも、この島は多くの人々が日々暮らした〝人間の島〟でした。加地英夫さんが書いてくれたこの本には、多くの人々が肩を寄せ合い、力を合わせて暮らした〝人間の島〟のようすが、とても生き生きと描かれています。と同時に、建物が密集した島の使い方、〝産業の島〟であるがゆえに、戦争、労働争議、エネルギー革命……と、時代の変化に翻弄されつつ、懸命に役割を果たしつづけた様子も具体的に記されています。

端島にかかわった人にとって、この本は同時代の記録となるでしょう。懐かしく、また共感を持って読まれるとともに、ご自分の歩みに思いを馳せるきっかけにもなるのではないでしょうか。端島に興味を持つ人にとっては、端島を理解するのに大いなる助けとなるでしょう。もし読後に上陸する機会があるとすれば、きっと目の前に、坑道からきつい仕事を終えて上がってくる男たちや、買い物かごを抱えて野菜を買いに行く女性たち、そして元気に走り回る子どもたちの姿を生き生きと想像することができるのではないでしょうか。

いま、端島を見たいと多くの人々が長崎を訪れています。人をひきつける魅力が、端島にはあります。

私たちにとって、端島とは何なのでしょうか。端島からどんなメッセージを受け取るのか。過去からのメッセージなのか、現在のメッセージなのか、それとも未来へのメッセージなのか。この本は、あなたの〝端島への旅〟のいい道連れになってくれるはずです。

まえがき

いま、端島は廃墟となって静かに眠っていますが、この島で生まれ育った私の心のなかでは、端島は生きつづけています。

建物の窓ガラスが割れて枠は朽ち、壁が落ち、さびた鉄筋がむき出しになって荒れ果てていても、ありし日の思い出はつぎつぎによみがえり、なつかしさで胸が熱くなります。

端島は、最盛期にはおよそ５３００人が住み、明治のはじめから昭和49年（１９７４）１月の閉山まで、わが国唯一のエネルギー資源であった石炭を約１５７０万トン産出しました。端島の石炭は高品質で日本一の原料炭として製鉄所に運ばれ、日本の近代化に大きく貢献しました。

島の直下に炭層があり急傾斜だったため、最深部の坑道は海底下１０８０メートルもありました。坑内の労働条件は高温多湿で、危険と困難をともないました。そのため多くの犠牲者を出しました。２１５柱の殉職者を忘れることはできません。

また長崎港から18・5キロメートル離れた外海はきびしい自然環境にあり、島での生活には、おたがいに助けあい、温かい心で結ばれた絆がありました。

私は端島が閉山して島を去るとき、この島は石炭を掘りつくし役目を果たしたのだから元の岩礁にもどしてやりたいと思いました。そして端島の生活や炭鉱の歴史を正しく知ってほしい、端島の記録を書くことはこの島で生まれ育ち、閉山まで働いた私の使命ではないかと思いました。

私が小学生のとき、友だちとの話で端島は島の真下で石炭を掘っているので一年に1センチ沈んでいると聞きました。本当だろうかと少し心配しました。

そのことをいつの間にか忘れ、また島は沈まなかったのですが、第2竪坑櫓の歪みが出て中心が60センチも狂ったのでした。やはり地盤沈下があったのです。

その修正に、私たち工作課の全員が出勤し三日間の大工事を成し遂げました。

いま廃墟と化した端島(軍艦島)をみて、この島におよそ5300人の人が暮らしていたとは想像もできないと思います。上陸観光が許可されてから、これまでに80万人が上陸しました。それほど人を引きつけるものとは世界遺産の力もありますが、軍艦島に立って人間が成し遂げた努力の跡を見て、すごいと思うからではないでしょうか。

私が生きたこの島のことをみなさんに読んでいただき、大いに想像していただきたいと思います。

(2015年11月)

目次

私の軍艦島記

―端島に生まれ育ち閉山まで働いた記録

私の軍艦島記―端島に生まれ育ち閉山まで働いた記録　目次

第6章　島の行事と楽しみ

第7章　端島の労働組合活動

第8章　端島坑の最盛期と衰退

編集進行・取材／宮下陽子
装丁デザイン／納富司デザイン事務所

【画像等出典一覧】
本文中写真うしろの出典の記号はつぎのとおり
Ⓐ『端島（軍艦島）』
Ⓑ『〃はしま〃▲閉山記念特集号▼』
Ⓒ『軍艦島 端島労組解散記念誌』
Ⓖ長崎原爆資料館
無印　著者所有
表紙帯、裏表紙、大扉、章扉は松尾順造　撮影

第一章

生いたちと家族

家族の歴史のはじまり

私は昭和7年（1932）長崎県西彼杵郡《にしそのぎぐん》高浜村端島《はしま》（通称 軍艦島）の船頭《せんどう》長屋で生まれました。

私の父山口津代次は高浜村の農家の次男でした。父にはおなじ高浜村出身の鳥取県境港で海上運送業をしている叔父 岡竹次郎がいました。数え年24歳のとき叔父に呼ばれ、「自分たち夫婦には子どもがいないから女房の姪と結婚してこの家を継いでほしい」といわれ、父 津代次と母 加地喜代は結婚しました。大正7年（1918）のことでした。

父は境港を拠点に、叔父のもっていた船で沖の外航船から荷物を運んだり、ときには遠くまで石炭を運んだりして生計をたてていました。一男四女の父親となり、商売も順調にのび、もち船は2隻となり、使用人を雇い、裕福な家庭をもつことができました。父の最盛期でした。

やがて昭和初年の不況の嵐が全国を覆《おお》いました。父は同業者の借金の保証人になっていたため仕事を失いました。

こうして、昭和5年（1930）、父は家族とともに故郷の高浜村に帰ってきました。いったん岡家に養子に入っていた父は、長男竹夫だけを岡家に残して、父を含むほかの家族は山口姓に戻していました。次女までが岡姓で生まれました。

帰っても仕事はなく、村の海岸の眼前に浮かぶ端島に単身渡り、組夫として埋めたて工事の人夫などをして働きました。その後、前歴が役だち、三菱高島砿業所端島坑の従業員（船頭）として採用されました。社船夕顔丸と島の間を、ハシケで3丁櫓《ろ》をあやつって、人や荷物を運んだり、つみこみにきた石炭船を係留したりするのが仕事でした。

櫓をこいでいる船頭が父 山口津代次©

昭和6年（1931）、すでに独立して長崎市で働いていた長男竹夫をのぞく母と姉4人が高浜村から端島に引っこしてきました。島の南端にあった船頭だけが住む木造2階だての船頭長屋（現在の26号棟の場所）でした。

誕生は昭和7年9月

引っこした翌年の昭和7年9月13日、私が生まれました。「あんたが生まれたとき、わたしが病院に走っていって産婆さんを呼んできたとよ」と、いまは亡き光子姉から聞かされたものでした。長男誕生後、女が4人つづいたあとの男の子で、みなが大よろこびで、たいへん祝福されたそうです。

父はまじめな性格で、あまりやかましくいわない不言実行型の人でした。母は心やさしく、誰からも好かれていました。

船頭長屋時代（昭和7年〜14年）　30号棟屋上の貝がら

私は6歳まで船頭長屋ですごしました。その間でいちばん印象に残っていることは、すぐまえにあった30号棟の屋上でよく遊んだことです。30号棟は大正5年（1916）にたてられた7階だての日本初の高層鉄筋コンクリート（RC）造の集合住宅で、炭鉱施設にいちばん近い、アパート群のなかでは西のはしにたっていました。中央に約6メートル四方の正方形の吹きぬけのあるモダンなたてものでした。

　遊びながらもふしぎに思っていたことは屋上のコンクリートに小さな貝がらが散らばって埋まっていたことでした。なぜ貝がらがこんなところにあるのだろう……。海の砂をセメントに混合したものを使ったからだと知ったのは、ずうっとあとのことでした。

　そこから見た夕日が水平線に沈んでいく景色はすばらしく美しいものでした。空も海もコンクリートも赤く染まっていました。

　ある冬、雪がふり、船頭長屋の屋根の軒《のき》下につららがさがりました。はじめて見たつららは、透きとおってきらきら輝き、とても美しかったのを覚えています。家のまえのコンクリートのくぼみの水たまりに張った氷をわって遊んだことも

現役引退後の父と母

船頭長屋時代。弟といっしょに

ありました。

東京みやげの納豆

あるとき、となりの25号棟（RC5階だて）の若いエリート社員の奥さんから東京のおみやげに納豆をいただきました。母は納豆を見るのは生まれてはじめてでした。姉たちを呼んであけてみましたが、ネバネバと変なにおいにおどろいて、「あっ、これはくさっとる」といって全部すてたそうです。後日、奥さんから「どうでしたか?」と聞かれた母は正直に、「あれはくさっていたのですてました」といいました。奥さんはおどろいて、「ごめんなさい。端島にはない納豆をおみやげにして」といったあと、ふたりで大笑いしたとのことでした。

この若い夫婦と私の家族はこのあと端島を離れるまで少なからぬ縁でつながっていました。

幼稚園時代（昭和13年〜14年）　踊りがじょうず

昭和13年（1938）、三菱端島幼稚園に入園しました。エプロンには三菱の赤いマークがついていました。島の東北、はしっこにありました。毎日歩いてかよいながら、この島は大きいなあと思っていました。

幼稚園時代の記念写真。枠内が私。エプロンには三菱のマークがついている

幼稚園のお別れの会は昭和館（映画館）でおこなわれ、島じゅうの人が来てくれ、楽しそうに見ていました。私の踊りがじょうずだったと姉たちからほめられてうれしかったことをおぼえています。

卒園式では、1日も休まず出席したので賞をいただきました。うれしくて帰宅とちゅうであけてみると文房具がたくさん入っていました。一年生になったら勉強して1番になろうと思いました。

小学校入学（昭和14年）　進級しても同じ顔ぶれ

昭和14年（1939）、島にある高浜村立端島小学校に入学しました。木造2階だての校舎で、昭和9年（1934）に新築されたのでまだ新しくきれいでした。この校舎は昭和32年（1957）4月の火事で消失しました。

入学式はみなピカピカの一年生なのですが、

幼稚園からそのまま進級してきたなかまばかりでいつもどおりの感じでした。

このときの記念写真は1枚もありません。島には写真館もなく、当時はカメラをもっている人はあまりいませんでした。

1学年1学級の男女共学で楽しい学校生活でした。

この年に、私の家族は船頭長屋から日給社宅(19号棟・RC造9階だて)3階に引っこし、昭和20年(1945)まで住みました。

遠足　排気ガスは文明のにおい

遠足は低学年と高学年に別れておこなわれました。

春の遠足は長崎市の小ケ倉《こがくら》水源池にいきました。会社の事務所のある炭坑社から小菅《こすげ》にいき、戸町トンネルを通って目的の小ヶ倉水源池につきました。友だちと草のうえを走り、島にはない草のにおいをかぎ、川の流れに手を入れてオタマジャクシをすくいました。先生をかこんだ昼食は、みな母親がつくったとろろ昆布をまぶした三角おにぎりとたまご焼きで、最高の弁当でした。

秋の遠足は諏訪《すわ》公園でした。とちゅう車が走ってくるとその排気ガスを吸って、ガソリンのにおいをかぎました。端島には絶対にない文明のにおいでした。そのせいで隊列を乱して先生から注意されました。公園の動物園で熊、猿、たぬきなど見て、いつかもっと大きな動物園にいきたいと思いました。

遠足では港からの往復とも徒歩でしたから、足がいたくなり、つかれて帰りの船のなかでぐっすり寝てしまいました。

夏休み　トンボとりや魚つり

夏休みには、まず早朝、校庭でラジオ体操をしました。そのあと、午前中のすずしいときに、おなじ社宅の子どもたちはみな各階の廊下にゴザをしいて、「夏休みの友」や宿題をやりました。遊ぶのはたいてい午後からで、トンボとりや魚つりなどしました。トンボは、どうしてここにこんなにたくさんいるのかがふしぎなくらい飛んでいました。魚つりは上陸桟橋や学校近くのスベリというところでアジゴなどをつっていました。そのころの海は澄みきっていて、魚が泳いでいる底まで見えました。

高浜村の親戚の家にもいきました。いとこたちと山や海へいき、いなかの生活を楽しみましたが、何日も泊まっているとやはり端島がいいなと思いました。

運動会　6年間リレー選手で活躍

秋の小学校の運動会は学校行事でありながら端島全体の年中行事になっていました。朝はやくから一家総出で指定された場所にゴザをしいて応援する。単身者寮生やそのほかの人も集まって岸壁のうえまで人でぎっしりと埋まってしまう。万国旗がはためいて歓声があがり島じゅうにこだまする。島全体で盛りあがりました。

私は6年間ずっと運動会最後の種目、班対抗リレーで3班のリレー選手に選ばれ、毎年バトン

小学校4年生のとき（左端）。担任の中村房子先生と

タッチの練習を何回もくり返し、大歓声のなかを全力で走りました。成長するにつれて実力がつき活躍しました。

開戦直後（昭和16年）　女先生ばかりに

明治以来の日本の「富国強兵」政策および軍需産業としての石炭の島である端島は、せまりくる戦争を目前に、石炭増産のため激動の時代を迎えたのでした。

その当時の端島は、どこかピリピリした緊張感があるのを子ども心に感じていました。

昭和16年（1941）、3年生のとき戦争がはじまりました。よくわからないけれども、なにか緊張した雰囲気が学校じゅうにありました。若い男の先生がいなくなり、かわりに女の先生が多くなりました。男の先生は戦場に送りこまれたのです。

小学生時代 昭和16年 長男帰省時の記念写真

次女　オバ(弟)　三女
私　長男　三男　四女

戦時下の私たち（昭和18年〜20年）

出征兵士を海岸で見送り

昭和18年（1943）、戦争はますますはげしくなり、労働時間は石炭増産のため1日12〜15時間になりました。会社づとめをしていた姉たちの帰宅はおそくなり、私は夕食のしたくをする母の手伝いをして買いものにいったり、魚を焼いたりしました。父は朝はやく出勤し、夜おそく帰ってくるので、みなそろって食卓をかこむことはあまりありませんでした。

端島小学校は端島国民学校と改称されていました。小学校を卒業した島の青年たちもつぎつぎと軍隊に召集され、出征していきました。そのたびに私たちは日の丸の小旗をつくり海岸にいって見送りました。またあるときは、戦死した英霊を迎えるために海岸からの通路にならび、ふかぶかと最敬礼をしました。

昭和19年（1944）、6年生になりました。戦況はますます日本に不利となって、食糧事情はさらに悪くなり、いろいろな物資も欠乏し、配給も麦、雑穀《ざっこく》、いも、豆かすになりました。

このようなきびしいときでも、端島では勤労報国隊という人たちを受け入れるために、学校の横に報国寮（65号棟）が建設されていました。工事現場では、まっ赤《か》に焼けた鉄のびょうを火ばしにはさんで地上から2～3階にむけて投げ、うえでじょうごのようなものを使って受けとり、鉄骨をあわせてかしめていました。その音がやかましく教室にもひびきました。また、鉄筋をまげる作業やセメントを流す建設現場がめずらしく、下校のとき見物していました。戦時中のこの時期、全国で唯一端島にコンクリート住宅がたてられていたとのことです。

閉ざされた南部運動場（昭和19年ごろ）　中国人捕虜収容のため

そのころの私たちのいちばんの遊びは南部運動場（現在プール跡がある場所）で野球をすることでした。しかし、ある日突然入口に門ができ、立入禁止の札がかかり、入れなくなりました。そして、「そこには中国人捕虜が入ったので近づいてはいけない」といわれたのです。

私たちは遊び場を奪われておもしろくなく、がっかりしました。捕虜なんか来なくてよかったのにと思ったものです。この小さな島にほかに野球ができるところはなかったのでみな不満でした。しかし、遊んでばかりはいられない日常生活となってきました。学校では避難訓練がおこなわれ、母親たちも校庭で消火訓練をしていました。貴金属の回収もありました。

6年生で先生からビンタ一発

6年生になると学校での規律や行動、家での生活態度など、きびしく求められました。ある日、プール（旧木造校舎横）での水泳の練習が雨で中止になりました。私は泳ぎたくて、「せっかく準備してきたのに雨は関係ない」といって飛びこみました。すると5、6人があとにつづきました。雨中の水泳もおもしろいと満足してあがると先生から呼び出され、「級長のおまえが悪い。リーダーとしてどうあるべきか考えよ」といわれ、ビンタを一発張られました。そのときの柴田先生には5年、6年と2年間、担任していただきました。教育熱心できびしい先生でした。私は心から反省しました。

遊びは夜勤あけの家を気づかう

大きくなるにつれて島のなかのようすもくわしくわかってき、遊びも広範囲となり、おもしろくなりました。竹馬で日給社宅の階段をあがり、何階までいけるか競争したり、屋上で水鉄砲（竹製の自作）合戦をしたりして遊ぶのですが、その集団は上級生も下級生もいっしょになってにぎやかでした。大声を出して遊ぶので、深夜勤務（3番方 午前0時〜8時勤務）で昼間寝ている人がいる家の近くでは、「あの家のおじさんはきのう3番方だったよ」とだれかが知らせてくれると、その近くでは遊ばないようにしていました。

武道場で剣道を習ったのは4年生になってからでした。6年生のとき端島小学校代表で高島小学校であった試合に出場しました。

全校生が昭和館で上映される映画を鑑賞することがありました。ほとんどが戦争映画で、日本軍が勇敢に戦うシーンに興奮し、拍手しました。私たちはしだいに軍国少年になっていったようです。

戦局はますます悪化し、夜は電灯を黒い布でおおって厳重な灯火管制に入りました。学校の校庭では防空演習があり、バケツ・リレーをしていました。夜は青年団や報国隊の人たちが教錬をしていました。

双葉山一行の慰問（昭和19年）

きびしい戦時下の日々を送るなか、昭和19年8月、大相撲《おおずもう》の横綱*1双葉山《ふたばやま》・*2前田山一行の巡業が校庭でありました。石炭増産にはげむ炭鉱鉱員の慰問《いもん》にきたのです。横綱双葉山の土俵入りをま近で見ました。私は子ども心にその美しさと気品に感動したことをいまでもおぼえています。全島民が拍手で迎えました。

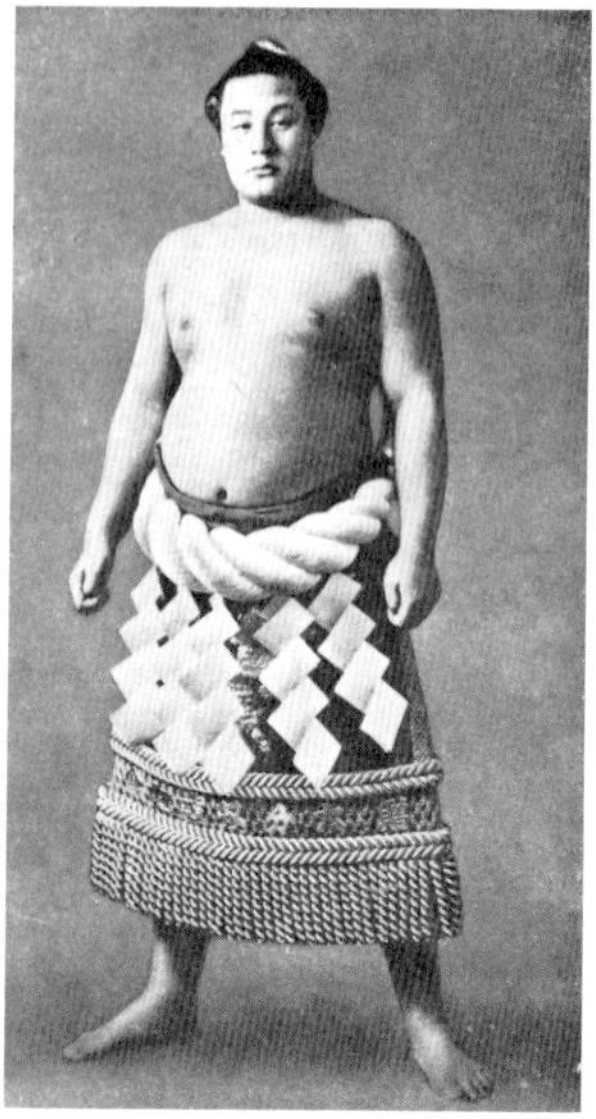

双葉山（『画報近代百年史』〈5〉より）

*1　双葉山 定次（ふたばやま さだじ、大正1年（１９１２）～昭和43年（１９６８））第35代横綱。前人未踏の69連勝の記録をもつ。優勝12回（全勝8回）。引退後、年寄 時津風（ときつかぜ）。日本相撲協会理事長をつとめた。

*2　前田山 英五郎（まえだやま えいごろう、大正3年（１９１４）～昭和46年（１９７１））第39代横綱。優勝1回。引退後、年寄 高砂（たかさご）。ハワイ巡業の実現など大相撲の国際化につとめ、初の外国人関取 高見山を育てた。

県立中学校進学へ（昭和20年）

6年生の三学期に入ると中学進学のことで先生から話がありました。県立の中学校は長崎中学と瓊浦《けいほ》中学の2校があり、私は長崎中学を希望したのですが、先生が「先輩はみな瓊中《けいちゅう》にいってるからそのほうがよい」といったので瓊浦中学を受験することになりました。

いよいよ長崎の県立中学へと進学の目標も定まり、この島を出て勉強する希望が胸にわきあがってきました。

しかし、当時はすべてが戦時体制で、私たちは陸軍や海軍のいさましい姿にあこがれて、模型飛行機やグライダーを校庭でとばしていたのです。

受験が近づくと校長先生をまじえて面接や口頭試問の練習をしました。

夜、とくべつに、会社の勤労課長が私たち受験生十数人を自宅に招き、受験の心得や面接の態度、各科目の特訓などをする勉強会を開いてくださいました。帰りにおかしをいただき、みな大よろこびで家路につきました。

勉強会は受験生のなかに炭鉱長の娘や坑務課長の息子がいたからおこなわれた一面もありましたが、会社には島の子どもたちの教育に関して積極的に支援しようという姿勢がありました。

学校の教職員の歓迎会が会社の職員クラブで開かれるなど、会社幹部と教職員の関係は密接で、両者が連係して安全な島の生活をきずくことについて話しあっていたと思われます。

毎年全国的な安全週間がありましたが、そのときは、会社の入坑所で生徒の絵画、書道、ポスター、標語などの作品が展示され、島の話題の中心になっていました。そこには必ずといっていいほど、私の作品が展示され、誇らしく思いました。

コラム　1

教育重視の会社の姿勢
―端島買収後数年で私立小学校開校

炭坑労働者を島に定着させる策として、会社は福利、厚生、教育とあらゆる面での配慮をして労働者の確保を推進した。

三菱が端島を買収したのは明治23年（1890）である。その3年後の明治26年（1893）11月3日に端島小学校は私立尋常小学校として発足、開校式をおこなっている。初代校長は高島砿業所端島坑副長石川直記で、学校管理を兼任した。在職6年3ヵ月であった。この学校がどこにあったかは不明だが、昭和30年代の会社の広報紙「炭の光」によると、明治34年（1901）撮影の端島全景の写真にある山の頂上付近のたてもの

明治34年の端島全景。○の場所が初代学校の推定位置Ⓑ

であろうとのことであった。

明治32年（1899）第二代校長片山善三郎のとき、私立尋常小学校は公立代用と認定され、翌明治33年（1900）に高等小学校設立を認可された。このころの端島の戸《こ》数は93戸。新校舎は明治34年、現在の宮の下A社宅（56号棟）および宮の下B社宅（57号棟）のある場所に竣工《しゅんこう》された。

大正10年（1921）5月、公立に移管され、組織変更し、公立尋常小学校となった。その後、昭和9年3月、島の北東に木造2階だての校舎がたてられたが、昭和31年（1956）4月、火災で焼失。

昭和33年（1958）1月、鉄筋コンクリート7階だての新校舎（現存する校舎）が完成した。

中学校受験（昭和20年）

昭和20年（1945）2月中旬、長崎の中学校・女学校の入学試験を受ける十数名と引率者が海岸にきてみると、前日から吹き荒れた冬のあらしのため風波がたかく、長崎いきの夕顔丸は欠航していました。受験生はどうしてもその日のうちに長崎にいかなくてはならないので、至急、別の船が手配されました。

上陸のつり桟橋は、大きな波浪をさけるため高くあげられて、鋼製のタラップが下のハシケのそばにたれさがっています。私たちは命綱を身体にまきつけて4メートルくらいあるタラップをふみはずさないように注意して、大きくゆれているハシケにどうにか乗ることができました。全員無事にハシケにすわりこんで、沖に停泊している小型蒸気船村雨丸《むらさめまる》までいき、乗り移りました。

そのとき、そこで仕事をしていた父が「英夫、がんばれよ！」と声をかけてくれました。「うん」

といってうなずきながら私は、「父の仕事はたいへんだなあ。この悪天候のなか事故をおこさないように精神を集中してがんばっている。えらいなあ、父ちゃんは」と思いました。

長崎の港に入ると海は静かになってきましたが、雨が降り出しました。

私たち一行は浜の町近くの予約していた旅館にいきましたが、雨でずぶぬれの私たちを見た宿の人は「風呂《ふろ》をわかせないから」といって宿泊をことわりました。引率の人が、風呂をわかせるたきぎがあれば泊まってもよいという条件の銅座町の旅館を見つけ、炭坑社にその旨電話するとすぐ石炭をつんだオート三輪車がやってきました。宿の人はそれを見て、「どうぞ、どうぞ」と急に愛想《あいそ》よくなり、私たちはほっとしました。

翌日、試験は無事に終了し、家に帰って落ちつきました。

入試は内申書と理科・数学の口頭試問、鉄棒などの体育の実技、最後に校長との面接でした。

合格発表は友人とふたりで見にいきました。自信はあったものの、壁にはられた自分の受験番号一〇一番を見つけたときのうれしさは格別でした。いまでもあの感激は忘れることはありません。

合格のよろこびにうかれたのか、大浦海岸にきて炭坑社を見ると、端島いきの夕顔丸最終便が汽笛をならしてゆっくりと出航していました。「しまった、ああどうしよう」と泣きたい気もちでした。友人もこまった顔をして私を見ています。私は入学したら稲佐の親戚の家に下宿することにしていたので、友人と話しあって、そこをたずねていくことにしました。

大波止《おおはと》まで歩き、桟橋で人にきいて、連絡船の電鉄丸に乗り、対岸の稲佐《いなさ》町の親戚の家をやっとさがしあてたときは夕ぐれせまる時刻でした。おどろいているおばさんにわけを話し、「今夜

炭坑社（端島と長崎を結ぶ船はここから発着した）と夕顔丸Ⓒ

一晩泊めてください」とたのみました。

おばさんのご主人はすでに外地に出征され、家にはおばあさんと3歳くらいの女の子と1歳くらいの男の子がいました。おばさんの家の事情がわかって、もう下宿生活がはじまったような気もちになり、それまでの不安はなくなり、安心しました。家に電報を打ってもらい、外泊することを知らせました。

せまりくる戦火

昭和20年3月米軍は硫黄島を占領し、4月1日に沖縄に上陸しました。戦争はいよいよ本土決戦の様相をおび、端島でも島の中央岩盤に、東側（貯炭場）から西側（日給社宅）にむかって防空壕が掘られました。

端島の外海を南のほうへ轟音《ごうおん》をひびかせて高速で走るモーターボートを見て、「マルヨン艇だカッコイイッー」と話題にしていました。

それが特攻魚雷艇震洋《しんよう》で、敵の日本本土上陸に対抗する重要な奇襲兵器と知ったのはずっとあとのことでした。私たちが楽しみにしていた修学旅行は中止されました。

卒業式は、激動の戦時下、厳粛におこなわれ、私は総代として卒業証書を受けとり、6年間無欠席の表彰も受けました。

幼なじみのなかまたち

端島小学校では校訓の「至誠、博愛、健康」を目標によく勉強し、よく遊びました。同級生はほとんどこの島で生まれました。日本最古の鉄筋コンクリートアパートである30号棟で生まれた人もいました。端島幼稚園から男女共学で1学年1学級。卒業するまでの小学校6年間、みなが身内みたいなつよいきずなでむすばれた学級であり、なかまでした。

このあと、長崎の中学校、女学校に進学した男女十数名は、昭和20年8月9日、原子爆弾により全員が被爆しました。長崎工業の古田進君、長崎商業の永田達彦君の2名が犠牲になりました。ふたりとも遺体はわからず、別れのことばもいうことができませんでした。小学校の卒業式が最後の別れだったのです。学業なかばでさぞ無念なことであったでしょう。後年、端島神社の慰霊碑の銘板にふたりの名まえを刻印してもらいました。

高島町立端島小中学校の校訓と校歌

【校訓】　至誠　博愛　健康

【校歌】（昭和5年3月1日制定）

八波則吉 作詞
幾尾　純 作曲

1. 高島の沖　ぎがとして
動かぬ船の　名をえたる
くしき端島の　島の上に
わが学び舎は　そそり立つ

2. 学びの窓ゆ　みはるかす
一望千里　果てしなく
海を心の友として
学びの道を　すすむかな

3. 至誠・博愛・健康の
三つの教え　守りつつ
みな善良の　民となり
世界のために　つくしなん

【徽章】

校歌楽譜

コラム　2

魚雷攻撃の謎（昭和20年）

終戦もま近い昭和20年（1945）6月11日、端島の人たちはいつものように朝はやくから、石炭増産の激励を背に受けて坑内に入り、採炭していた。捲き揚げられた石炭は選炭機で選別され、貯炭場に山とつまれ、ベルトコンベアーの音は鉱場にひびき、従業員は必死に働いていた。

午前11時をすぎたころ、石炭をつみこみ中の白壽丸（2200トン）をねらってアメリカの潜水艦が魚雷を発射し、命中。轟音《ごうおん》は端島全体をふるわせた。島民がなにごとかとおどろき、外へとび出すなか、2発目の爆発音がひびき、みな不安にかられた。端島の歴史年表（高島町教育委員会発行『端島（軍艦島）』231ページ）には、

《始めは、戦闘機の攻撃を受け、続いて午前11時18分頃、突然米潜水艦が浮上し、折から荷役中の石炭運搬船「白壽丸3600トン」に魚雷攻撃、船は被弾して沈没、2発目の魚雷は岸壁に命中、攻撃を終えた潜水艦は悠々と浮上したまま三ッ瀬方面へ去って行った》とある。

そのときの魚雷は昭和31年（1956）の台風9号のあとの9月17日に発見され、海上自衛隊により引きあげられたとの話もある。

坂本勲著『軍艦島攻撃さる』によると、《潜水艦の名は「ティランテ」。その戦闘詳報によれば「端島に接近した。停泊中の船が見えた。310フィート（約93メートル）ほどの船で船尾に砲が見える。襲撃はやや困難であるが、攻撃を決意した。距離1000ヤード（約910メートル）で11時15分、魚雷発射、命中！　だが乗員が船尾の砲で反撃の素振り、それでもう一発発射、

ところがこれが不発、続いて三発目を発射、これは命中！これにより目標は沈没。離脱を図るが、右側の船舵が故障したのか引き込まず、仕方がないので浮上状態で全速力で脱出を図る。その間、陸上の砲台より砲撃を受けるが、やっと船舵の引き込みに成功し、潜航、離脱に成功する》

一連の攻撃のようすは映像として残され、ユナイトニュース映画として、戦後間もなく端島昭和館でも上映された。ほとんどの島民がスクリーンに映《うつ》し出された端島におどろいた。

2発目の魚雷について、『軍艦島攻撃さる』のなかでは、艦長は「不発」としているが、端島の歴史年表では「岸壁に命中」とある。この魚雷は昭和31年9月の台風9号のあと海上自衛隊により引きあげられたとのことだが、多くの島民はこの件については知らないといい、私自身もおぼえがない。不発魚雷の引きあげとなると島じゅう大さわぎとなったはずだが。また、もし船に命中して不発だったとしたら船を解体したときに発見されただろう。

島の人の話では「2発目は船を係留していた沖合の浮標（ブイ）に命中し、その破片は神社近くまでとび、付近の木造家屋に損傷を与え、学校の屋根、校舎などに当たり、学童数人が軽傷を負った」とのことだ。さらに、振動で教室の黒板が落ち、会社の電源ケーブル線も破損したため停電したそうだ。

当時、端島には小銃が数丁あった。それで反撃しようとした人もいたらしいが、なかば浮上して退避する潜水艦を息をひそめて見ていただけだったという。

つづいて3発目が発射され、これが命中し、目標だった石炭運搬船は沈没したとされている。

謎なのはこの3発目だ。3発目が発射されたとすると、爆発音は3回のはずだが、島の人が聞いたのは2回だった。もし3発目がブイに命中したとすると2発目の不発魚雷はどこにいったのだろう？

私は3発目の魚雷発射はなかったのではない

魚雷が命中し、座礁している白壽丸Ⓑ

かと思っている。魚雷が2発命中したなら船は横だおしになるのではないかと思うが、この船の写真を見るとすこし傾いて座礁《ざしょう》しているだけだからだ。

この攻撃について『軍艦島攻撃さる』では「伝説の誕生」としてつぎのように述べられている。

《報告を受けた長崎要塞司令部等にしてもこの事件は衝撃なものであったろう。長崎の目と鼻の先にある島が攻撃を受けるという事はもう安全な海域はないということを意味するものであったからである。事実を正直に発表する事は長崎の人心を揺るがす事甚だしいものがあると判断されたのかも知れない。かと言って日中に行われた攻撃故に秘匿することも出来ない。とすれば、通りかかった潜水艦が端島を軍艦と間違えて魚雷を打ち込んだという事にすればアメリカの間抜けさを強調できるでは無いか、という世論誘導があったのではないだろうか？　話としても、いかにもよく出来た話ということでこの話は事実として長崎人に受け入れられて

いったのだろうか》

しかし、私はこのような世論誘導などなかったと思う。戦時中、端島を知っている人はほとんどいなかった。軍艦島としてはなおさらだ。端島でロケをした映画『緑なき島』は有名だったが、「高島は知っているけれど端島（＝軍艦島）は知らない。それはどこにあるのか?」と逆に聞かれたくらいだ。（私がはじめて「軍艦島」を活字として目にしたのは昭和30年代に百科事典が出版されたときだった）

また、突然の攻撃だったため野母《のも》半島からの目撃者も少なかったと思う。戦後、端島の子どもたちがこの島は戦争中に何発も魚雷を打ちこまれたなど話していたことを考えると、そのことがいつの間にか「軍艦と間違えられて魚雷攻撃を受けた」という「伝説」になったのではなかろうか?

父もこのときのことを、「船頭小屋ではやめの昼食を食べていたらドカンと大きな音がしたので、その方向を見ると石炭つみこみ中の船が爆発して石炭が舞いあがっていた。すぐ艀《はしけ》にとび乗ると櫓《ろ》をこいで救助にいった。そのときもう1発ドンときた。石炭運搬船のうえから、『白いものはぬげ』と叫んでいたのであわてて艀の底に隠れた」といっていた。

【アメリカ海軍軍艦辞典の英文を直訳】

『2発目は（突然大きな音を立てて）爆発させるのに失敗した』（軍艦島研究同好会　後藤教授の資料より）

第二章

長崎での学生時代と原爆

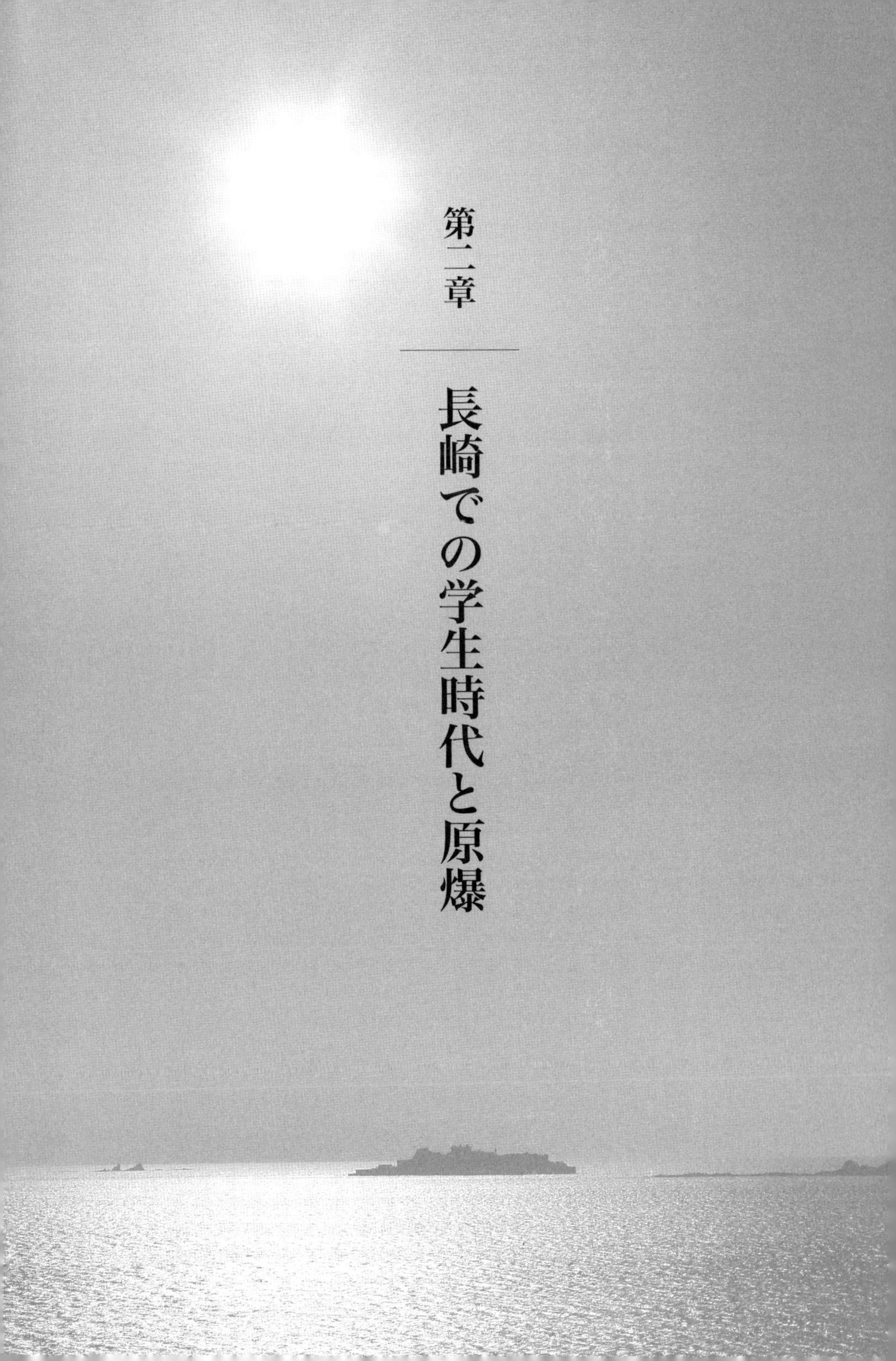

県立瓊浦中学校2年生のとき

県立瓊浦《けいほ》中学校入学（昭和20年）

長崎県立瓊浦中学校の入学式もおわり、私は稲佐の親戚のうちに下宿し、そこから学校まで、とちゅう桜の花をあおぎながら通学しました。端島では想像もできない美しい光景でした。一方、私たち新一年生の通学の服装は制服、制帽ではなく、戦闘帽に瓊中《けいちゅう》の徽章《きしょう》をつけ、足にはゲートルをまき、下《さ》げかばんを肩からななめにかけて、というものでした。

上級生は学徒動員のため学校にはおらず、いるのは一年生ばかりでした。ときどき上級生が来ていましたが、端島の先輩たちに会うことはまったくありませんでした。

最初は端島に帰りたい気もちでいっぱいでした。稲佐山の中腹まであがると大浦の海岸が見えました。端島いきの夕顔丸が出ていくのを見ては涙を流していましたが、そのうち友人もでき、学校生活にもなれてきました。

軍事教練と長崎への空襲

学校では軍事教練が週3時間もありました。対戦車攻撃法といいましたが、助教がつくった模型の戦車に匍匐前進《ほふくぜんしん》攻撃をする教練をくりかえしました。

沖縄が占領されると米軍の本土上陸にそなえて、茂木《もぎ》や橘湾が見える甑岩《こしきいわ》に塹壕《ざんごう》ほりにいきました。塹壕は、人ひとり入るくらいの穴をほりました。朝、八坂神社に集合してのぼりました。ちょっとした遠足気分だったこともありましたが、昭和20年夏のある日、山頂から長崎港をながめていたとき、野母半島の上空から米軍の爆撃機約30機が飛来し、長崎を爆撃しているのがはっきりと見えました。高射砲を撃ってもあたらず、飛行機のまわりに爆煙があがっているだけでした。三菱長崎造船所が爆撃されているところも見ました。急降下しているので、「おっ、飛行機が落ちとるぞ!」と手をたたいていましたが、そうではなく、爆弾を落としたら、ピューっと急上昇して去ったのでした。このとき日本の戦闘機は1機も来ず、くやしい思いをしました。

2~3日後、学校で空襲警報がなり、防空壕に入りました。その直後運動場に爆弾が落ちました。おそらく、置きっぱなしにされた訓練用の模型の戦車をめがけて爆弾を落としたのだと思います。爆弾が落ちると、ぐあーっと防空壕のなかははげしくゆれ、天井から土砂が落ちてきてそのまま埋まるのではないかと思ったほどでした。帰宅すると近くに爆弾が落ち、飛んできた大きな石が屋根をつきやぶり、机のうえに落ちていました。この時期の空襲は第3次空襲、第4次空襲などと呼ばれていました。大波止あたりにも爆弾が落ち、何百人もの死者が出たときいています。

下宿のおばさんは私に声をひそめて、「日本はこの戦争にもう負けるよね」といいました。私は「いいえ」といって、「米軍の日本上陸のとき連合艦隊がきて全滅させるよ」と友だちと話していることを話し、「おばさん、だいじょうぶですよ。ぼくが守ってあげるから」と心配そうなおばさん

被爆した電車は焼け落ちてしまい、形をとどめていないⒼ

に力づよく答えていました。このように私はりっぱな軍国少年になっていました。

8月になると端島の人の紹介で大浦の下宿に移りました。以前から母は、稲佐は港から遠いのでと、炭坑社の近くの下宿をさがしていました。これが幸運でした。原爆投下により稲佐の友だちは渕神社の近くで被爆し、重傷を負ったのでした。

被爆体験（昭和20年）

・一瞬の閃光（通学電車で被爆）

昭和20年（1945）8月9日、一学期末最終の英語の試験がおわってホッとしていました。先生には、まだ警戒警報発令中だから解除になってから下校するようにといわれましたが、いそいで校門を出て浦上駅前から電車に乗りました。友だちはひとつまえの電車にぶらさがって乗りましたが、私はまだ電車通学になれておら

県立瓊浦中学校は焼失しなかったものの爆風で全壊したⒼ

ず、ぶらさがって乗ることがこわかったのでつぎの電車に乗りました。電車は稲佐橋近くで停車しました。トロリー線の故障らしく長いはしごが見えました。そのうえに作業員の姿がありました（当時の電車軌道は国鉄線路と平行していた）。前方にはガスタンクが2基ありました。

どのくらいとまっていたでしょうか。かすかに爆音が聞こえてきました。私は、あぁまた空襲かなと思いました。爆音はしだいにつよくなって急降下してくるようでした。私はまえにあるガスタンクか長崎駅に爆弾を落とすのではないかと思って身がまえました。そのときピカッーと、黄白色《おうはくしょく》の閃光《せんこう》に目がくらみました。閃光はまえからも、よこからも、うしろからも入ってくる感じで、一瞬にして閃光につつみこまれた感覚と同時に、左ほほに熱線を感じて思わず、あっつーと手でおさえると、しゃがみこみました。なんだろう？ ガスタンクに命中して爆発したのかと思っていると、ドカーンと百雷《ひゃくらい》の音とともに電車のガラスがわれ、頭のうえからふりかかってきた強烈な爆風に*電車はゆれ動きました。

私はなにがなんだかわからなくなってしまいました。「どうしよう? 逃げよう山のほうへ」、起きあがると降り口にたってあたりを見まわして、その光景におどろきました。目のまえの家なみはうす暗く、灰色の街でした。まるで水墨画で描いた情景のようで、いつもの長崎ではなく、「ここはどこだろう?」と一瞬たちどまりました。

電車からとびおりて走ってまえにいくと大きな家が倒壊し、粉じんが舞いあがりました。そのせいで視界がわるくなり、方向がわからなくなって右往左往して、ふとうしろをふりむくと電車が3台とまっており、3台目は車体のしたから火を出していました。

私は山手のほうに向かって必死になって走りました。つぎつぎに家がたおれる音がしました。何人か走っている人を見ました。荷馬車がひっくりかえり、馬が横になって目をあけていました。まだ生きているようでした。あの悲しそうな馬の目がいまでも思い出されます。

＊この被爆した電車は爆心地から1・75キロメートルの場所にあった。（戦後＊＊ABCCの調査による）

＊＊ABCC（Atomic Bomb Casualties Commission）原爆障害調査委員会。昭和21年（1946）、アメリカ原子力委員会と日本側科学者の協力により広島と長崎に設置された。

・生地獄《いきじごく》の防空壕《ぼうくうごう》

ようやく横穴の防空壕を見つけて入りました（現在の宝町バス停付近）。つぎつぎに人がきました。頭から血を流している人。顔じゅうまっ赤《か》で血だらけの人。さらに驚いたのは、やけどで腕の皮膚がぶらりとたれさがっている人たちがゾロゾロ入ってきたことでした。全身やけどして、むごたらしい姿をした人もいました。壕内まさに生地獄でした。壕のなかでひとりの同級生と会って喜びましたが、名前をどうしても思い出せませんでした。彼と壕を出て諏訪公園にいきました。公園にはおおぜいの人が避難していました。私たちはここで腹いっぱい水を飲み、顔や手足をきれいにしてどこも負傷していないことを確認し、安心しました。帽子とゲートルはいつなくしたのかわかりませんでした。彼とはそこで別れ、私は寺町通りをひとり歩いて大浦に向かいました。

道がわからないので人に尋ねようとしても、みな避難しているのか人っ子ひとりおらず、街は静まりかえっていました。ときおり緑の葉からもれてくる太陽の光が心を落ちつかせました。ときゅう思案橋《しあんばし》から、県庁が猛烈な火で燃えている光景を見、またおそろしくなりました。

・家へ帰れた幸運

大浦元町の下宿に帰ったのは午後4時近くでした。家にはだれもいず、心配しているとおばさんがきて「よかったね。安心した。心配していたよ」といって、すぐ近くの学校の防空壕に連れていきました。

私はそこで横になるともう疲労こんぱいで、ぐっすりと寝てしまいました。夜、目がさめて壕から出て浦上のほうを見ると、炎々《えんえん》とつづく火の海でした。空は赤く、天をこがしていました。ああ長崎はもう全滅だと思いました。壕のなかで大人が4、5人で宣伝ビラを見ていました。それには『日本国民に告ぐ』と大きな字で書いてありました。大人たちは広島と同じ新型爆弾だといっていました。

翌8月10日は一日じゅう寝てすごしました。からだがだるく動けませんでした。

8月11日、土井首町《どいのくび》あたりから船で端島に帰りました。

「かあちゃん、おそろしかった」

母の胸に抱かれると涙がどっと出てきました。父母はその日私が帰らなかったら、翌日私をさがしに長崎にいくつもりだったといっていました。

・突然死ぬ恐怖
翌日、目がさめて起きあがると吐き気《はけ》がしました。便所にいくと下痢便で熱が少しありました。端島病院にいき診察を受け、薬をもらいました。

微熱とからだのだるさはつづきました。母は心配して柿の葉を煎じて飲ませました。そのころ帰ってきた瓊中の先輩が死亡しました。元気だったのに。ガスを吸ったからだといっていました。当時は放射能のことなどわからなかったのでガスといっていたのでしょう。

私もそうなるのかなあと考えるとおそろしくなってきました。被爆直後よりもこのころのほうが、髪の毛がぬけないか、白血病になるかもしれないなどと毎日不安の連続でした。

停電のためラジオが聞けず、終戦を知ったのは8月15日の4～5日後でした。

昭和22年 山里小学校でとった記念写真。ゲタばきで通学している生徒がいる。○印が私

終戦後の学校（昭和20年）

昭和20年10月、学校に集合するようにという連絡があり、被爆後はじめて登校しました。校舎は爆風で全壊していました。校長先生、教頭先生、先生方、事務職員、残っていた一年生の多数が犠牲になりました。

授業は鳴滝の旧県立長崎中学校（長中）を仮校舎にして、長中との2部授業のかたちで再開されました。翌昭和21年（1946）までそこで授業を受けました。

昭和22年（1947）、山里小学校校舎に移りました。6クラス300人いた一年生は3クラス150人と半分に減っており、おどろきました。一年生で原爆死した人は145人いましたが、追加募集はなく、引きあげ者が数名入っただけでした。

校舎はコンクリートだてでしたが、窓はガラスがほとんどない枠ぐみだけの状態で、冬はふきっさらしでとても寒く、ベニヤ板で修理して使っていました。校庭のそうじをすると、がれきのなかから子どもの骨が出てくることもありました。

学制改革の激動（昭和23年）

昭和23年（1948）11月、*学制改革により、旧長崎県立瓊浦中学校は長崎県立瓊浦高校になりました。

戦時中のがちがちの軍国主義教育からいきなりの戦後民主主義教育への変化に最初はとまどいました。それまで「軍国主義だからおまえたちは犠牲になってでも……」と教えていた先生が、「民主主義になったから……」とがらりと教育方法を変えたのには「いままであんな教育をしておいてなんで急に変わるのか」との反発もありましたが、「民主主義というのは希望をもっていいのだな。自分たちの自由にやれるのだな」とあかるくなってきたようにも感じました。このように新しい教育を受け、今度はがんばれる、と希望をもちました。

*学制改革により昭和23年4月1日現在、旧制長崎県立長崎中学校及び瓊浦中学校・長崎県立高等女学校（県立高女）および長崎市立高等女学校（市立高女）の在学生及び卒業生のうち、旧制中学・高女の3年修了生は新制高校1年、中学の4年修了生・高女の卒業生（4年修了者）は2年、中学の5年修了生・県立高女専攻科1年修了生及び市立高女の前年度卒業生（5年修了者）は3年となった。

県立長崎西高等学校誕生（昭和24年）

昭和24年（1949）4月、長中、瓊中、県立高等女学校（県立高女）、市立高等女学校（市立高女）の4校をいっしょにし、男女共学の県立長崎西高等学校（西高）と県立長崎東高等学校（東高）の2校に分けられました。西高は鳴滝の旧長中跡、東高は西山の県立高女跡に設けられました。こうして、鳴滝の地で新制長崎西高等学校は産声《うぶごえ》をあげました。

男女共学になりましたが、端島では6年間男女共学だったので別におどろきはしませんでした。ただし、教室の席順はたてよこ交互に女子がすわるように割りふられたので、まえもうしろも右も左も女子にかこまれることになり、これにはあんまりだなあと思いました。体操の時間に、なにもしないでつったっている女子がいたので、「なんだ。あんたたちは？」と聞くと、「生理中だから」と答えられ、びっくりしたこともありました。このように男女共学による多少のカルチャーショックはありました。1クラスは50人くらいでした。

ホームルームという制度ができました。それは地域単位で1～3年の全学年を集めてスポーツなどいろいろ活動するというものでした。私の属した高島・端島のメンバーは外洋で泳いでいたので水泳が得意で、校内水泳大会で優勝しました。

西高になってからバレーボール部に入りました。夏休みの合宿は女子バレー部と合同でおこなわれ、なかよくいっしょに練習しました。女子は料理をするなどサービスしてくれました。私のいた時代、西高バレー部はかなりつよく、1年うえの水田さんが主将のとき県大会で準決勝までいきました。水田さんは背がたかく、成績も優秀で、県下で注目されていました。私のポジションは前衛のライトでした。左ききが有利なポジションだったので左ききになろうと、ごはんを食べることをはじめとするすべてを左手でおこない、「おまえは左ききか？」といわれるほどでした。前衛のライトから左手でスパイクを打つ選手は少なかったので、左手で打つとおどろかれました。

卒業時の西高バレーボール部送別会での記念写真　○印が私

当時県内でいちばんつよかったのは島原の口加高校で、諫早から島鉄に乗って遠征にいったこともありました。

当初、私はホームルームの水泳大会で優勝したように水泳が得意だったので水泳部に入るつもりでしたが、校内のクラス対抗のバレーボール大会で活躍したので、バレーボール部にスカウトされました。三菱長崎学生寮の庭でよくバレーボールをしていたので、バレーボールも得意だったのです。

進駐軍の兵士との交流（昭和20年～昭和21年）

私の大浦の下宿の近くにあった旧海星中学校が進駐軍に接収され、おおぜいのアメリカ兵がやってきたのでびっくりしました。みな「わぁ！進駐軍がきた」と寄っていき、「ギヴ・ミー・チューインガム！」といってはチューインガムをもらっていたので、私もそういってチューインガムやチョコレートなどをもらいました。

父にあげるために「タバコをくれ」ともいいましたが、「なにかと交換するならやる」といわれたので、女優のブロマイドや三菱のバッジなどと交換しました。ラッキーストライクやキャメルなどを1箱くれ、いいにおいだなあと文明のかおりをかぎました。

その当時、父はほした松葉やいなかからもらったタバコの葉をきざんで紙にまいて吸っていました。戦時中、米軍の潜水艦から発射された魚雷で石炭船が沈没したとき、大砲をうち返した海軍の水兵5人のうちのひとりが島原出身の人で、戦後も端島に残り船頭になりました。その人が島原からもってきたたばこの葉を父はもらい、それをきざんでまいたものを吸っていました。そんなときにアメリカのタバコをもっていったものだから、父は大よろこびしました。

門のまえには衛兵が3人ぐらい銃をもってたっていました。そこに教科書をもっていき、「英語を教えてくれ」とたのみました。兵士は私に教科書を読ませ、学校で習ったとおりに読むと「ノー！ ノー！」といって自分が読み、正しい発音を教えてくれました。生《なま》の英語はこんなにちがうのかと、とても勉強になりました。そこで「プリーズ、チョコレート！」というと、「おー、よしよし」とばかりに頭をなでチョコレートをくれました。たくさんもらったので「これはいい勉強だ」と思いました。このようなことが何回かありましたが、黒人兵のほうが気前がよく、黒人のほうがいいなと思いました。あまりにだれもがもらいにいくもので、たまにおこられて、自動小銃を撃つまねをされたりしました。

三菱長崎学生寮（昭和21年～昭和26年）

昭和21年に会社に組合ができ、組合から従業員の子弟は全員学生寮に入れるようにと指示されたので、大浦の下宿から三菱長崎学生寮に移り、卒業までの約5年半いました。いまの長崎バスの松ケ枝《まつがえ》営業所の場所にありました。以前は外国人居留地だったので、敷地内には洋館もありました。そのとなりにあたる、いまの長崎税務署の場所には焼酎《しょうちゅう》会社があり、いも焼酎をつくっていたのでいもがたくさん置かれていました。いつも腹ぺこだった私たちは竹の先にナイフをつけ、へいから落とし、いもをつきさし、つるしあげてとっていました。焼酎会社のとなりが炭坑社でした。洋風のエキゾチックなたてものでした。炭坑社のそばの突堤から高島・端島いきの社内船が出ていました。当時の運賃は従業員も家族も5円、公務員など従業員以外は30円でした。

学生寮は定員40～50人くらいで、入寮の条件は家族が三菱高島砿業所に勤務していることでした。それまでは端島出身者だけしか知りませんでしたが、ここではじめて高島出身者といっしょになりました。

寮のなかの生活はどうだったかというと、入寮した最初のころは海兵や予科練からの復学者がおり、民主主義の時代になったとはいえ、上級生はまだまだいばっていました。

学生寮では県立、私立、復員者がいっしょに生活していました。たたみ2畳《じょう》に1人の割合で6畳の部屋なら3人、8畳なら4人という部屋わりで、1部屋に上級生、下級生がいりまじっていました。当初は上級生が強圧的な態度で、たたいたり、おどしたりして下級生にいうことを聞かせようという風潮がありましたが、私が3年生になったころにはそのような雰囲気はうすれて

三菱長崎学生寮前での記念写真（昭和25年）　○印が私

います。

当時の食料事情はきびしいものでした。寮の夕食はつけものはたくさんありましたが、主食はふかしいも2個だけという質素なものでした。バレー部のはげしい練習のあとの夕食がこれだけでは空腹を満たすにはとてもたりず、よく近くのパン屋でコッペパンを手にいれて食べていました。毎週土曜日に端島へ帰宅するという理由で帰宅中の分の米を寮からもらっていましたが、その米をうちにはもって帰らずためておき、コッペパンと交換していました。当時一般向けには1人あたり2合くらいの米の配給でしたが、実家には炭坑への*特別配給として3合くらい割りあてられていたので、そのくらいの米はいらないといわれていました。米を洗ってアルミのべんとう箱にいれ、ストーブのうえにおいてごはんをたいて食べたこともありました。このようにして飢えをしのぎ、やっとのことで学校へかよいました。

当時は夜9時すぎごろから停電していたのでそれ以降は勉強ができませんでした。炭坑社だけは街灯がついていたので、その下にいって勉強しました。また、炭坑社は会社の資材の一次貯蔵所になっておりグリースなどの油があったので、それをとってきて火をつけ、ホタルの光ではありませんが、あかり代わりにして勉強しました。

学生寮の敷地内には木造2階だての男子寮、女子寮がそれぞれあり、その間にある中庭でバレーボールなどをしました。ほかに炭坑社のような、こじんまりした明治時代にたてられた洋館がありました。マントルピースとストーブのある部屋があり、寮生に開放され、みなそこで勉強していました。すてきなたてものでしたが、残念ながら昭和30年代くらいに火事で焼失しました。おそらく勉強していた寮生の火の不始末によるものでしょう。

寮内でのトラブルは、寮長一家がいっしょに住んでいたので、警察沙汰になるような大きな事件はありませんでしたが、昭和22年ごろでしたが、一度だけ、女学生にかっこいいところを見せようと、炭坑社の浮桟橋から走って海へ飛びこんで泳いでいたところを警官に見つかり、「ちょっと来い」といわれ、5〜6人の寮生といっしょに大浦警察署(当時は現在の旧香港上海銀行長崎支店記念館が大浦署だった)に連れていかれ、延々と説教されたことがありました。

＊炭鉱への優遇策：米の特別配給のほか、酒も手に入り、購入できた。このような優遇策で外地からの引きあげ者の炭坑への就職につなげようとしていた。

西高卒業を祝って母と記念撮影

西高卒業と進路（昭和25〜26年）

昭和25年（1950）8月に西高に木造の新校舎が完成し、卒業までの2学期、3学期を新しい校舎ですごすことができました。すべてが新しく、気もちよかったです。

西高になって女子が入ったので男女共学50名のクラスが6クラスになりましたが、まだいまのような進学クラス、就職クラスという区分はされていませんでした。

高校卒業後の進路については、高校卒業と同時期に父が定年だったので大学進学はあきらめました。端島・高島の高島砿業所従業員は退職するとすぐに島を離れなくてはならず、引きつづき島に住みつづけるにはほかのだれかが砿業所に就職しなければならなかったからです。このような経済的な事情での中途退学者は当時かなりありました。高島出身の同級生は3年生のとちゅうで、端島出身の同級生は1年生のときに学校を去りました。私の場合も、弟がまだ中学生だったので、大学に進学したいと親にいえる状況ではありませんでした。端島の炭坑につとめて親を安心させようという気もちがつよくありました。

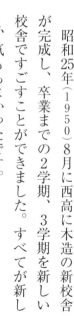

私の家族は両親と姉4人、兄1人、弟2人の8人兄弟で私は6番目の二男でした。

兄と姉2人は戦後昭和21年（1946）に結婚、西高3年のころ3番目の姉も結婚していたので、高校卒業時は、家には両親と一番下の姉と2人の弟の家族5人がいました。母は「女の子はなんもならん」といってくやんでいました。男ほどかせがないし、結婚してすぐ家を出てしまうと。娘の結婚で父は退職金も全部なくしてしまったのではないかと思います。このような事情があったので、両親は私が端島にもどって働くことをあてにしているのだなと感じていましたし、事実そうでした。

就職を心配した担任の先生から高卒でも教師になれるといわれ、母に相談しましたが、「学校の先生ねえ……」と気のない返事でした。当時学校の教師の給料は安かったので、その返事を聞いて、やっぱり金がいるのだなあと思い、先生には「端島に就職しますから」とはっきり答えました。

昭和26年3月6日、県立長崎西高等学校を卒業し、3日後の昭和26年3月9日三菱砿業株式会社高島砿業所端島坑に就職しました。

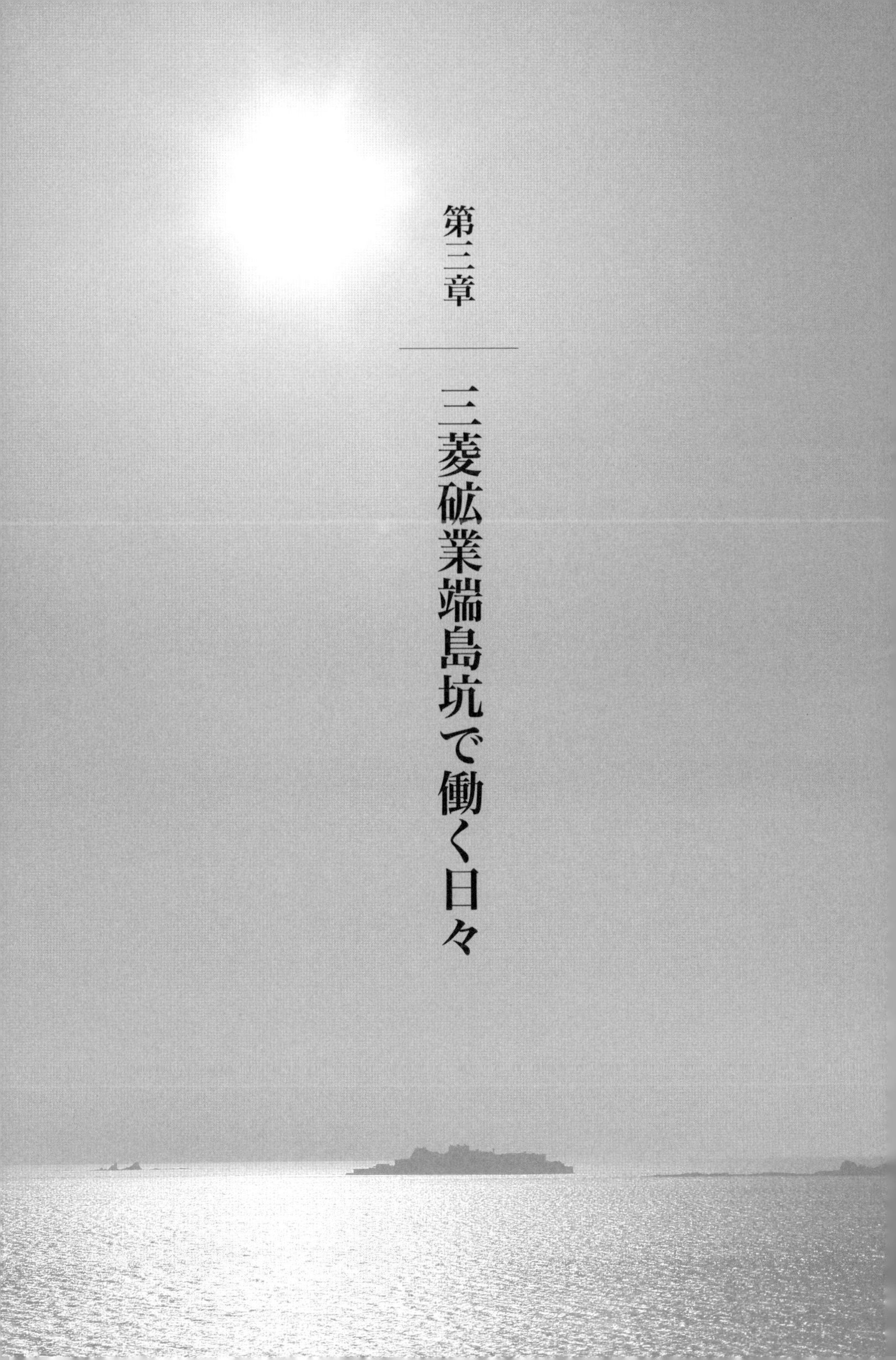

第三章

三菱砿業端島坑で働く日々

端島坑への就職（昭和26年）　希望に反し坑内の保安業務へ

昭和26年（1951）3月9日、私は三菱砿業株式会社高島砿業所端島坑に就職しました。入社時に希望した坑外の工作課にあきがなかったので、工作課に欠員が出るまで一時的に坑内の保安業務につくことになりました。

1週間ベテランの坑内指導員から「坑内では口笛を吹いてはいけない」などの禁止事項や「坑内でだれかとすれちがうときには必ず『ご安全に』とあいさつするように」などの坑内のルールを含む安全教育を受けたあと、坑内の保安の仕事につきました。坑内の仕事には直接石炭を掘る採炭のほか、充填《じゅうてん》（採炭跡を埋める）、私のついた保安、仕掘《しくつ》（坑道の掘進や維持）、運搬、坑内工作などがありました。

7月に工作課に欠員が出て異動するまでの4カ月間だけの仕事でした。わずか4ヵ月でしたが、危険と隣りあわせの坑内で働くことのきびしさを知った貴重な日々でした。

ほかの坑内業務とおなじく、一番方（8時～16時）、二番方（16時～24時）、三番方（0時～翌朝8時）の各8時間労働の3交代で1週間ごとのローテーション制でした。たとえば、今週が一番方なら翌週は二番方になり、二番方の週の月曜日は午後4時から入るので3時ごろ家を出るという生活です。

私は、最初のうちは一番方でしたが、1～2ヵ月たちなれてきたら二番方も経験しました。なれるまでは身体がついていかない感じでしたが、なれるとそれほど負担に感じませんでした。

はじめての坑内

私にははじめての坑内でした。坑内に入るためには、まず入坑所で所定の出勤手つづきをし、安全灯室で携帯用電気安全灯を受けとり、かなりの重さの蓄電池をベルトで腰部にとりつけ、キャプタイヤ・コードで連結している小型電球および反射鏡をそなえたものを保安帽の前部にとりつけ、階段をのぼって検身室へいきます。検身室のまえでマッチ、ライターなど発火するものをもっていないか検査を受けたあと、階段をすこしおりて、二坑口桟橋にいきます。

私が就職した昭和26年ごろ、日本の石炭産業は昭和25年（1950）に勃発した朝鮮戦争後の特需景気のまっ最中で、その時期の日本国内の石炭の生産量は、昭和26年4650万トン、昭和27年（1952）4370万トン、昭和28年（1953）4350万トンと高い水準を維持していました。

このころの端島炭鉱はどのようなところだったのでしょうか？

入社と同時に会社の状況を説明され、新人教育を受けました。そこで全体像が理解できました。

入社直後の私

スキップ卸の完成と深部化

戦後の石炭産業は、傾斜生産方式（コラム7参照）により石炭生産がようやく軌道に乗り、鉄柱や*カッペを導入することで従来の採炭法に比べ画期的な能率の向上を見ました。このようにして企業体質の改善と生産態勢の充実をけんめいにおこなっているとき、朝鮮戦争の特需景気もあって坑内の機械化が促進されました。

端島は昭和24年(1949)10月のスキップ**卸(石炭専用の卸)の完成にともない、一連の深部骨格構造ができあがり、生産力も向上していきました。しかし、昭和23年(1948)に5盤下(5片 海面下710メートル)にあった採掘レベルは、昭和27年に6盤下(6片 海面下770メートル)、昭和33年(1958)には7盤下(7片 海面下820メートル)にさがり、深部化の進行速度は増していきました。これは海面下700メートル以深の右部に火山岩の影響による***焦化区域が拡大し、また左部には断層が発達して、採掘可能な片盤長が半分程度に短くなってきたことによるものでした。

海面下700メートル付近からの深部化にともなって、岩盤温度の上昇、ガス湧出量の増加、盤圧の上昇、自然発火傾向の増加などで採掘条件は急激に悪化しました。このため端島の深部開発はその改善策に終始しましたが、出炭は昭和33年度に21万トンと戦後はじめて20万トン台に乗せ、以後昭和39年(1964)8月に深部放棄するまで月産2万トンペースを維持しました。

*坑道の天盤を支える金属製の梁(はり)。相互に連結でき、鉄柱と組み合わせて使用。
**斜めに掘り下げた坑道(斜坑)
***高温により焼け焦げ商品にならない石炭ばかりの区域

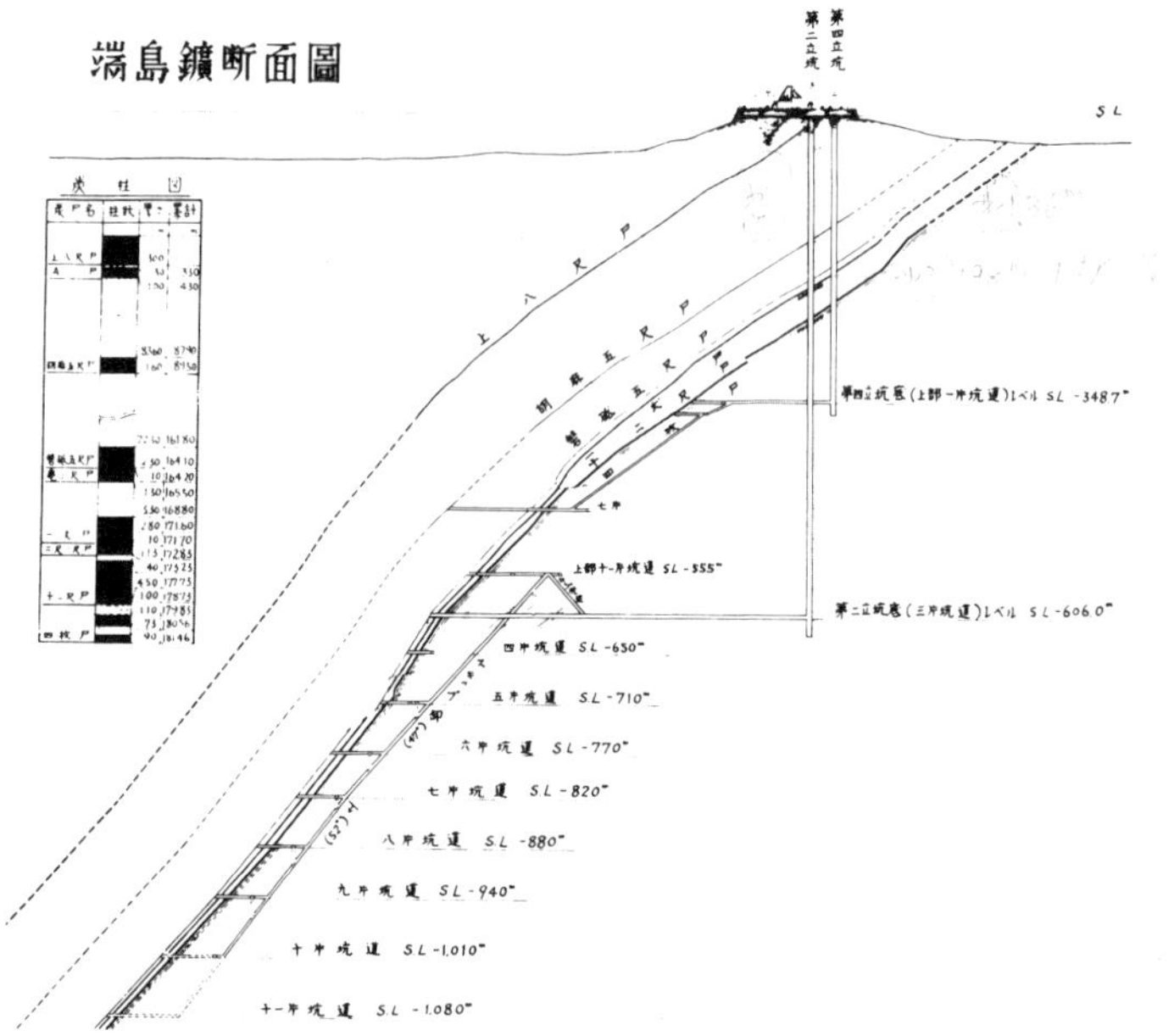

端島砿海底炭田断面図(上)・坑内図(下)

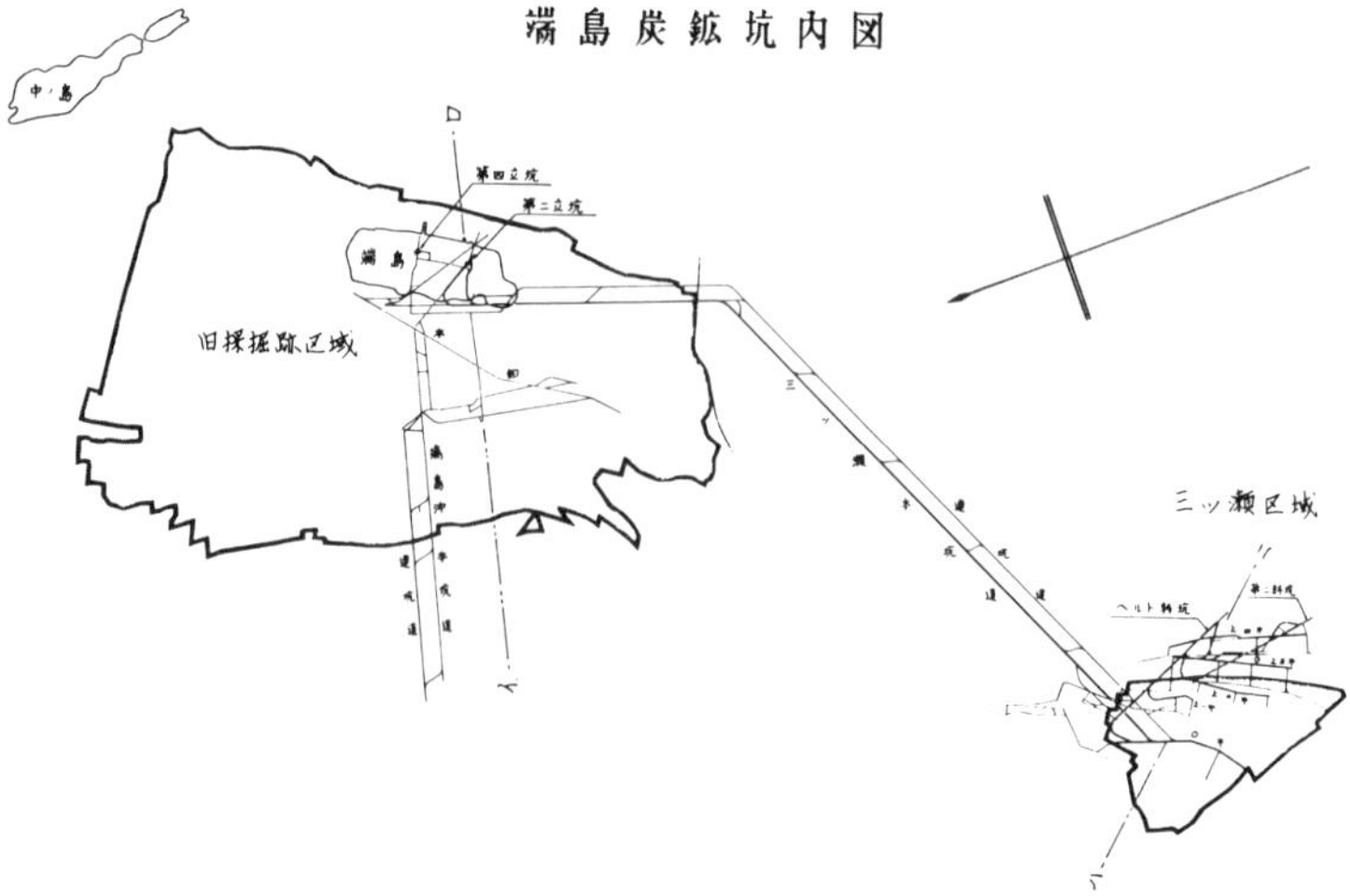

採炭から石炭の運搬まで

当時の端島坑のおもな採炭方式は「長壁式充填採炭法」、幅70メートルほどの炭壁を一度に掘り崩し、石炭を掘ったあとを硬（ボタ　岩石やくず石炭）で埋めてふさぐ（充填）というものでした。また、この方式のひとつである「盤下坑道方式」（炭層の下にある岩石のなかに主要な坑道を掘り進んでいく方式）の導入により、坑道の維持が容易になり、自然発火や坑内火災などに際しても坑道を密封することで局所的な損害におさえられるようになっていました。

採掘した石炭を石炭運搬船につみこむまでの経路は、切羽《きりは》（採炭現場）から採掘された石炭は石炭専用のスキップ卸でスキップカーにより坑底坑道の3片ポケットに運びこまれ、ここで炭車につみこまれて、二坑底ケージ（エレベーター）までトロリー電車で運ばれます。そこでケージに炭車をのせて地上まで捲《ま》き揚《あ》げて運びます。炭車は*二坑口栈橋のレールにかみあわされると空《から》炭車によって押し出され、選炭のために栈橋の原炭ポケットの上でチップラーによって反転し、原炭ポケットに石炭を落としたあと、外側のレールを自走装置でケージ入口側にもどってまた坑底にさげられます。

原炭ポケットに落とされた石炭は、選炭機で精炭（商品になる石炭）とボタに分けられ、精炭はベルトコンベアーで貯炭場まで運ばれ、貯炭場に蓄えられていた精炭は再度ベルトコンベヤーにのせられ、石炭運搬船につみこまれるというものでした。なお、ボタは31号棟内を貫通するベルトコンベヤーで西部海岸まで運ばれ、海中投棄されました。実際にはほとんどのボタは坑内での充填に使用されたため、海中投棄されたのはごく短期間で少量でした。

二坑捲座の巻揚機ドラム

坑内への移動

第二竪坑《たてこう》にはケージという重さ5トン、最大積載重量8・2トンの上下2段の箱状のエレベーターを巻き揚げる高さ47メートルの巻揚《まきあ》げ櫓《やぐら》が設置されています。2本のワイヤーロープ(直径55ミリメートル)のはしがそれぞれ二坑捲座の巻揚機《まきあげき》ドラム(単胴)の両はしに固定され、櫓の上段にある滑車のワイヤーロープ(上綱)がドラムに巻かれ、巻き揚げられたケージが二坑口桟橋のレールと接合して停止したとき、櫓下段の滑車のワイヤーロープ(下綱)側のケージはつねに二坑底水平坑道のレールに接しています。ケージは上下2段になっており、人なら定員50名(上下各25名)、炭車の場合上下4函《はこ》がつめます。

入坑のときはこのようなしくみのケージに

*高さ6メートルの鉄骨支柱に支えられた幅15メートル長さ57メートルと地面より一段高いところに設けられた炭車の操車設備。海上までのびており、形状が港の桟橋と似ていたことから桟橋と呼ばれるようになったといわれる。

ケージ。上下2段に人が乗るⒷ

乗って、深さ606メートルの第二竪坑をおりていきます。二坑口へ「捲《ま》け」の合図を二坑底から送ると二坑口の操作員は二坑捲座の運転員に「捲け」の合図をし、巻揚げがはじまります。

最初はゆっくりとさがり、とちゅう秒速8m（炭車は11秒）と高速になります。このとき、耳がツーンとなってきましたが、事前教育で教わったようにツバを飲みこむとなおりました。坑底に近づくにつれ減速し、停止します。その間は2分30秒くらいでした。

第二竪坑は入気口となっていたため、ケージのつく坑底坑道は風がつよく、汗をかいて昇坑するときは、急に冷えて寒くてたまらないことがありました。

通常の作業のために使用される入坑口は第二竪坑で、第四竪坑（排気口）での巻揚げは非常時のみおこなわれました。

地下操車場のような3片坑道

二坑底からは3片坑道という水平坑道がつづいていました。各水平坑道は深さに応じて○（数字）片坑道と呼ばれ、3片坑道は二坑底と同じ海面下606メートルにありました。

鋼鉄の枠がはめこまれ、蛍光灯であかるく照らされた3片坑道

炭車のつらなる3片坑道

二坑底ポンプ座。終戦前後ここで重大事件がおこった

おりたった3片坑道は、鋼鉄の枠がはめこまれ、まわりをコンクリートで固められたアーチ型のトンネル状で、蛍光灯であかるく照らされ、水平でひろく、そのなかをトロリー電車が石炭をつんだ炭車を何台も連ねて走っていました。そのようすはさながら地下操作場といったところでした。

ポンプ座

3片坑道をすこし歩くと坑道の横に二坑底ポンプ座があり、225キロワットのポンプ4台が設置されていました。海底炭鉱のため坑内の湧水《ゆうすい》はつねにありました。すべての坑内水をここに集めて四坑底ポンプ座まで揚水し、さらに800馬力ポンプを運転して四坑内にある排水管を通して海に排出していました。

終戦前後、この二坑底ポンプ座において端島坑にとって重大な事件がおこりました。

高島炭砿二子《ふたこ》発電所の爆撃による停電

昭和20年（1945）7月31日、高島炭砿二子発電所が爆撃され、端島への送電が不能となりました。立坑のエレベーター、坑内通気用の主要扇風機も止まりました。1本だけ残った海底送電線でポンプを動かしたのですが、坑内湧水が多く、2週間もすると水がポンプ座まで迫ってきました。ポンプ座が浸水したら、送電が再開されても復旧不能、端島坑は水没します。

そこで、吉田弥八係員（昭和30年黄綬褒章《おうじゅほうしょう》受章）が指揮し、コンクリートブロック、レンガや赤土を背負い、立坑をくだってポンプ座まで溜水のなかを運び、ポンプ座前にダムを築き、浸水を防いだのです。さらに、9月4、5日にわたる豪雨で発電所が再び発電停止となったため、2坑底ポンプ座が数時間で水没の危険にさらされましたが、再度従業員必死の努力により2坑底ポンプ座の確保ができたのです。

立坑内のタラップ600メートルを昇り降りすることさえむずかしいのに、重さ40キロの土嚢《どのう》をせおい、坑口から坑底ポンプ座まで運び、入口につみ重ねる作業を敢行したことは端島坑の歴史のうえでも特筆大書されるべきものでした。一度水没すると、端島坑の復旧が不可能にちかいことはあきらかで、発電所の早期復旧とともにポンプ座を守りえたことは幸いであったの一言につきるものでした。（『高島炭砿誌』より）

・出山光儀氏談

昭和20年7月31日、高島砿の発電所が爆撃されたときのことを、出山光儀（坑務課係員）はつぎのように回想しています。
《坑外から、空襲で送電不能、人員の安全出坑の手配を頼むとの連絡を受けたので、ただちに書写《ささ》部屋（坑内の係員詰所）に電話連絡、現場にも人を走らせて非常事態と出坑経路を知らせ、体の丈夫な者は老齢者や弱い者を助けるなどの細かい事項も指示し、約５００人の入坑者全員が無事昇坑できた》

仲卸（斜坑）から切羽（採炭現場）へ

3片坑道をさらに奥へ進むと坑道はふたつに分かれ、左は本卸斜坑から上部四坑底方面へいく坑道です。明治、大正、昭和と石炭を採掘してきた上部炭層区域でもまだ採炭していましたが、3片（海面下６０６メートル、2坑底と同じ深さ）以下の下部区域が主力でした。

右の坑道は仲卸《なかおろし》斜坑へ向かっていきます。とちゅうに坑内の岩石掘進で出たボタを粉砕する3片ボタクラッシャーを横に見て進んでいくと仲卸人車待合所に到着しました。

端島の直下にある炭層下盤の岩石中に傾斜25度の仲卸斜坑を設け、これを拠点としてスキップ卸を開削して主要入気坑道とし、左右両翼に中央風道と左第1風道の主要排気風道を設けていました。

仲卸より50〜60メートル水準ごとに炭層部に向かう巻立坑道として4片（海面下６５０メートル）、5片（海面下７１０メートル）、6片（海面下７７０メートル）、7片（海面下８２０メートル）の各坑道を設定し、この盤下坑道を左右にのばし、これを50〜60メートル間隔で*立入坑道を炭層に着炭させ、立入

3片坑道の分岐点

間を＊＊沿層坑道で連絡し、払面《はらいめん》(70～80メートル)を設けていました。

この立入坑道を目貫《めぬき》と呼び、4片右2目貫と5片右2目貫を貫通させ、切羽《きりは》(採炭現場 払《はらい》ともいう)としました。傾斜55度以上の急な斜度の場所の場合は偽傾斜をつくって斜度をゆるくして採炭し、各払は事故防止のため少しずらして掘進しました。これを急傾斜採炭法といいます。

採炭した跡はボタで充填します。採炭と充填は別のシフト帯でおこなわれ、一番方が採炭したあとを二番方が充填するというように作業は進みました。

＊ 盤下坑道から炭層に着炭させる坑道
＊＊石炭層に沿ってその走向方向に掘った坑道

そのほかの坑内の仕事

採炭・充填以外の坑内の仕事としては、坑道の掘進《くっしん》および坑道の維持・補修(仕繰《しくり》、仕繰と掘進の両方を略して「仕掘《しくつ》」といわれる)、石炭や材料の運

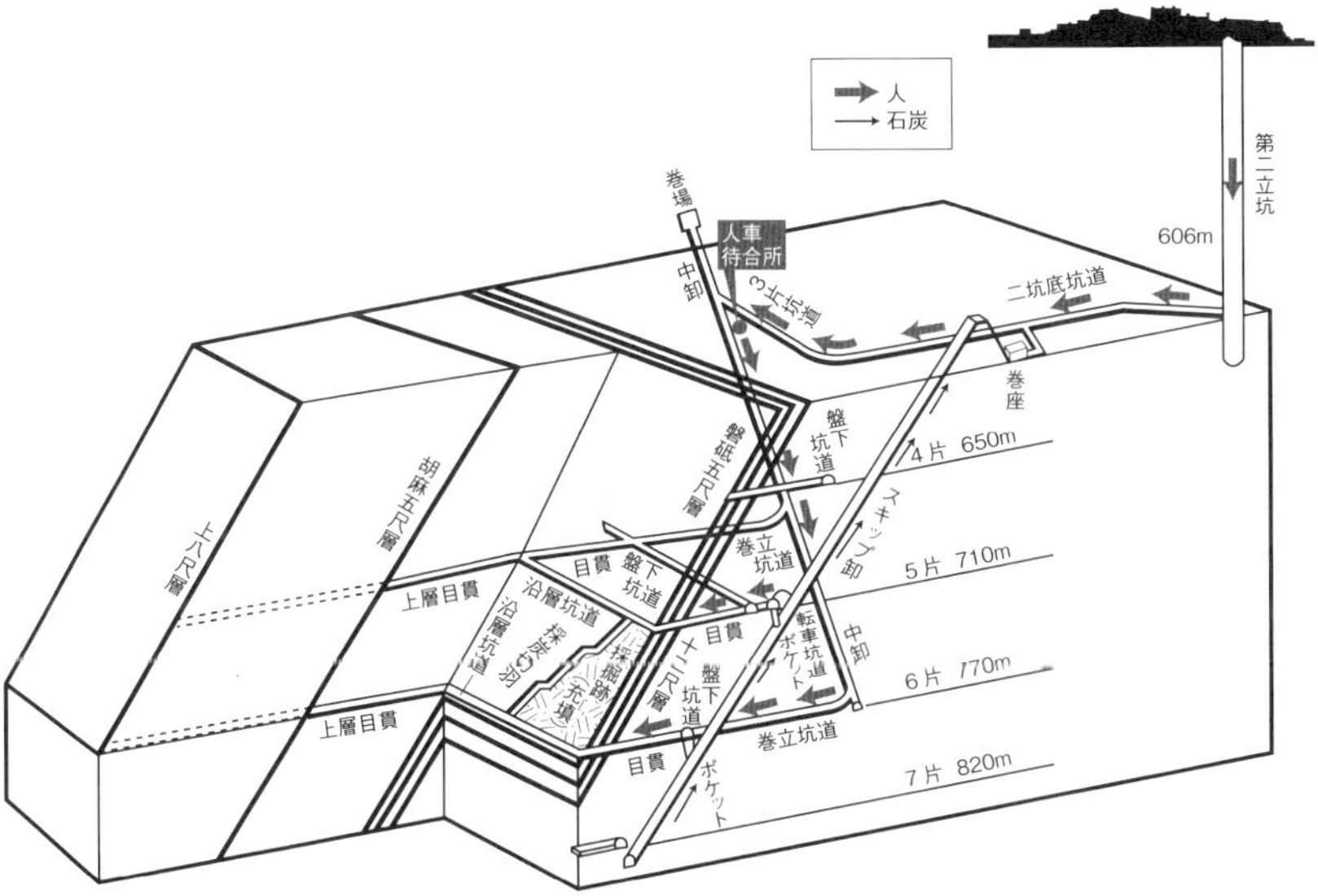

端島砿坑内立体模型図（著者作成）

搬（運搬）、坑道へのレールの敷設（軌道）、機械の運転や修理（坑内工作）、坑内の電気関係の仕事（坑内電気）、採炭機械の手入れ（採炭機械）、坑内の保安（保安）などがありました。各担当者はそれぞれ専門の技術をもって従事していました。

保安業務

私の担当した保安業務は空気をつねに正確に坑内の各現場にいきわたらせたり、炭塵《たんじん》爆発のもとになる浮遊炭塵の発生をおさえたり、ガスが出た際の対処法など、坑内での安全をたもつ仕事でした。

坑内で安全に作業をおこなうためには、つねに坑内に十分な空気をいきわたらせていなければなりません。そのためには入気口と排気口が必要です。第二竪坑が入気口で、第4竪坑が排気口でした。排気口である第4竪坑には大きなファン（主要扇風機）があり、一年じゅう回され、坑内の空気を吸いあげていました。そのため入気口である二坑口からつねに坑底、坑道に強風がおくりこまれていました。坑内に入った風を坑内全体へいきわたらせるためには、適切な場所にエアーファンを配置し、つねに回していなければなりません。たとえば、このことを理解していない作業員が近くでほかの扇風機が回っているので止めていいだろうと1機を止めてしまうと、空気がいきわたらず作業員が酸欠になって倒れる事故になると事前教育で指導されました。

風に乗って運ばれ、たまっているまっくろな浮遊炭塵は炭塵爆発のもとになるので、岩粉《がんぷん》で比重を重くして爆発しないような状態にする必要があります。そのためには、岩粉を岩粉散布機で坑道がまっしろになるくらいまでまいたり、炭壁注水機を使って高圧の水で流したりして炭塵をおさえました。

炭塵が浮いていたら石と石の摩擦で起きた火花に反応してかんたんに爆発します。端島の石炭はカロリーが高いため、粉炭の摩擦だけで高温になり、自然発火します。自然発火は空気を遮断すると鎮火するのでその区間を密閉することで鎮火します。このように、坑内で安全な操業ができる環境を整える仕事が保安の業務でした。

希望した坑外の工作課へ（昭和26年）

7月に工作課の仕上工場《しあげこうば》に転属されました。工作課の仕事は、坑内外の設備の改修・保全のすべてで、仕上、鍛冶、電気、営繕などに別れて担当していました。

私は、昭和49年（1974）の閉山までのほとんどの期間、仕上工場に所属しましたが、最初から仕上工場だったのではなく、まず事務所で事務や製図の仕事を割りあてられました。さいわいにして瓊浦中学の先輩、石橋一男技師が工作課に所属していたので、図面のかきかたなどを教えていただきました。

ガス突出事故

昭和26年（1951）11月14日午後1時、6盤下右2目貫、海面下770メートルにおいて、10万ミリ立方メートルのガスが、猛烈な勢いで800トンの石炭とともに2目貫より噴出しました。21名は救出されましたが5名が殉職しました。全島哀しみのうちに、11月19日に昭和館で社葬がおこなわれました。

ガス突出とは、炭層中に高圧で圧縮され石炭に溶けこんだメタンガスが、石炭をともなって地層を吹き破り突出するもので、800トン以上の粉炭と10万ミリ立方メートルのガス突出は、日本でもまだ経験したことのない大規模なものでした。

仲卸人車捲《なかおろしじんしゃまき》の完成（昭和27年）

坑内では仲卸人車捲が完成し、5盤下、6盤下で作業する人にとっては、25度の傾斜のなか千数百段の階段をあえぎあえぎのぼらなければならない苦労はありましたが、人車運転によって従来のむだな時間と労力は解決されました。

仲卸人車捲Ⓑ

二坑口桟橋の新設(昭和28年)

坑内の機械化によって増加する出炭量に対応するため二坑口桟橋施設が改善されました。以前の桟橋は昭和10年に製作、組みたてられたもので、すでに老朽化しており、昭和18年の火災の影響による変形、地盤の変位もあり、柱の傾斜がはなはだしくなったので桟橋を新設しました。

桟橋の高さは6メートル、幅15メートル、長さ57メートル。現在、この桟橋は跡かたもなく、原炭ポケットのみ残っています。

30号棟の設計図

就職してまだ2年めの昭和28年、図面庫がそのころ来襲した台風による高波をかぶり、ほとんどの図面がぬれてしまいました。あとかたづけのとき箱をあけると30号棟の設計図が入っていました。だれかが「そのあたりに30号棟の設

2坑口桟橋

計図があるよ」といっていたのはこれだと思いました。私は上司に「どうしますか？」とたずねたところ「廃棄処分せよ」という返事でした。すてるのはちょっと惜しい気がしたのでべつのところに置いて、のこりのかたづけをしました。いそがしく、休むひまもなく動きまわったあと、30号棟の図面をとりにいくとない。あれっ、そうかあ、あの図面のうえにほかの不要品を重ねたのでいっしょに海に投棄してしまったのか。ああ、あとのまつり。貴重なものをすてたばかものがいたのです。工作課事務所にいたときの大きな失敗談です。

仕上工場の仕事　閉山まで休日出勤ばかりの日々

工作課事務所に2年ほど勤務したあと仕上工場に移り、閉山まで所属しました。仕上工場の仕事は、炭坑で使用する機械の修理がおもでした。なかでも大きな仕事のひとつに、日曜日の朝から月曜日の朝までの24時間かけて二坑捲の直径55ミリメートル、長さ660メートルのワイヤーロープを取りかえる作業がありました。仕上工場全員でおこなう大仕事でした。

ワイヤーロープは運転頻度が高く、積荷の重量も重いため直径55ミリの太さでもすぐ伸びてしまうので、この仕事は2〜3年に1度必ずありました。第二竪坑の深さ606メートルはいまの東京スカイツリーの高さ（643メートル）より少し低いくらいにあたります。入気口のため、坑口付近はいつも身体が吸いこまれるような強風が吹いているうえ、坑口からしたを見ても、当然ですが、坑底はまったく見えず、まっ暗でした。少しでも気を抜いたら重大な事故につながるという高い緊張感のなか毎回作業しました。

二坑底と四坑底の大型ポンプの分解修理、石炭積込機、貯炭ベルトコンベヤー、20屯《とん》クレーン、5百馬力空気圧縮機などの修理もありましたが、いずれの仕事も機械を止めておこなわなくてはならないので坑内作業が休みの日曜日か休日にしかできません。みなが休日で、ソフトボール大会や運動会で盛りあがっていたり、レジャーなどで楽しんでいたりするとき、一所懸命修理していました。「あーあ」とため息が出ました。

そのほかは、工場に運ばれた機械類、各種ポンプの修理や組立作業をしました。工場には大小の旋盤が5台とボール盤、平削盤などの工作機械があったので、選炭機や水洗機の部品を製作し、機械が故障したときの予備品として準備していました。

昭和40年から三ツ瀬区域を採炭するようになると、私は、坑道を掘り進むときに使うショベルローダー、石炭を掘るドラムカッター、採炭後にボタを機械で充填する空気充填機などの大型の機械を修理、組みたて、試運転をしました。

仕上工場の仕事は本来坑外での業務でしたが、坑内の機械化にともない坑内での作業が増えま

端島坑のシンボル 二坑櫓

した。映画を見ていたときに、「工作課の加地さん、玄関まできてください」と呼びだされ、いってみると、「坑内の何片のどこどこで某機械が故障しているのでいまからいってくれ」といわれたことがよくありました。呼び出されて坑内にいくと、「おーい、機械を修理するお医者さんがきたぞ」と坑内作業員から歓迎されました。

工作課の私だけでなく、電気係などほかの工作課員が同時に複数呼びだされると、事故があったのかと思いました。

坑内の作業員の勤務は日曜日が休みの、一番方、二番方、三番方のローテーション制でしたが、工作課は午前8時から午後4時（同じく日曜日が休み）でした。

工作課での大規模な工事

二坑口桟橋新設工事

昭27・11・15着工　完成 昭28・1・30

A 桟橋　高さ6m　幅15m　長さ57m

B 原炭ポケット250t　2基

C オーバーチェーン・カープッシャー20馬力2台

D 大型炭車自動開閉装置

E クロッシング

F トンネルコンベヤー（原炭ポケットの下に選炭機のパンコンベヤーに送炭する装置）

第二竪坑ガイドレール取替（4本全部取替）

昭31・2〜8月

コラム　3

「山本作兵衛コレクション」に見られる筑豊の炭鉱用語と端島（軍艦島）の炭鉱用語との共通点

　昭和30年代後半、筑豊の炭鉱（ヤマ）の人で坑内の絵を描く人がいるという話を聞いたことがありました。山本作兵衛という人でした。その人が描いた炭鉱記録画が一昨年世界記憶遺産になったことは、端島炭坑に働いた私にとって大きなよろこびでした。

　山本作兵衛さんの作品のなかの炭鉱用語を見たとき、いくつかが端島と共通していることにおどろきました。

　たとえば、端島では坑内係員の現場事務所のことを「ササベヤ」といっていました。由来を聞いても「知らない。昔からそういっていた」とのことでした。作兵衛さんの作品の『笹部屋』のなかに『ササベヤ　坑内詰所とも言う　これは書写部屋を訛ったものとも言う　ささやかな坑内事務所をササベヤと口伝したとも言う』とあります。この説明を読んで、筑豊でも坑内現場事務所のことを「ササベヤ」といっていたのかとおどろきました。

　また端島では炭車を停止させるとき「オーライ」といっていました。ストップの意味でオーライを使いました。作兵衛さんの作品『オウライ（炭函停止）』のなかでも、《『オウライ』といって炭函（炭車）を停止させた。オウライの語源はわからないが、オーイに力を入れたためであろう》とありました。ヤマ以外では発車進行することをオウライ（オーライ）といい、反対の意味になるのでとまどうこともありました。

さらに端島では、運搬係が合図をするときには「捲け」とか「差せ」といっていました。止めるときは、「オーライ」で合図（ボタンを押す）1回、「捲け」は合図2回、「差せ」は合図3回、そして合図4回は「ヤオマケ」（ゆっくり捲上げ）、合図5回は「ヤオサセ」（ゆっくり差しなさい）でした。この表現も作兵衛さんの絵に出てきます。端島第四竪坑の坑口にはいまでもこの合図板が壁にかけられています。

もうひとつ、作兵衛さんの絵でおもしろいことを発見しました。レール事故による脱線のことを「ドマグレ」と描いています。その説明に、坑夫もまたいずれ劣らぬドマグレ者（常軌を逸した人）ぞろいと書いています。端島の私たちはドマグレ（ぐでんぐでんの酔っ払い）が道端で寝ているぞと笑っていました。昭和30年代、夜の長崎銅座界隈の飲み屋でもドマグレがたくさんいました。

私は古い資料を集め、三菱端島坑と筑豊の中小炭鉱の共通の炭鉱用語について調べ、表にしました。（表1）

三菱は明治23年（1890）に端島を買収しましたが、それとほぼおなじ時期に筑豊の鯰《なまず》田《だ》炭坑を買収しました。そのときに高島から技術者を送りましたが、技術と同時に高島・端島で使われていた炭坑用語も伝授されたものと推測しています。

（表1）　端島・筑豊 炭鉱用語比較表

	*端島	**筑豊
アゴシタ	（顎下）木枠の切組を行う部分	足の上部の切カギ部
アリツケ	（有付）就業の配置、作業方法の申し渡し、係員の言いつけ	坑内の切羽アリツケもあるが（ヤマに有付けもある）

アトヤマ	（後山）先山（熟練工）の補助者。「手子」「アトムキ」ともいう	「アトムキ」とも云いキリハから石炭運びやその他は手伝い
アトケン	（跡間）坑道掘進及仕繰の工程。請負賃金を定めるのに現今はメートルであるが昔は「間《けん》」であった	一間、何銭の延先賃金
アンドグルマ	（行燈車）ワイヤロープの摩損を防ぐ道中車	（アンドングルマ）矢弦車のこと、巻機すぐ前にあるのを誘導ヤゲンと云う
イタメ	（板目）「柾目《まさめ》」に対して言う。即ち炭理（炭の目）が切端面に平行に現れたもの。板目になると採炭容易である	石炭には木目に似た目がある　板目は掘易い
カネカタ	（曲片）主要水平·坑道	マキタテより続くレールのある水平坑道
カミサシ	枠木を締めつける木製のクサビ（楔）	ヤイタとも云う　枠や柱をしめつける楔
カラコズミ	（空木積）天盤を支えるために坑木を井桁に組上げたもの。この中に硬（ボタ）を入れたものを実了積（ミコズミ）という	坑木を井形に積みあげる（カラコ）とも略称す　カラコの中にボタを充填する（ミコ）と略称す
キリツケ	（切付け）延先などの炭（岩）壁をツルハシで凹凸を削り均らして枠入れや壁しめが充分できるようにする	ケントリ前などきれいに掘つりておくこと　切詰をキワたてていわゆる四角に切端面〇（判読不明）採炭済

イッポンケン	（一本剣）車道の分岐点にある可動レール。その位置が炭車の進む方向を決める	ハンドロとも云うていた　複線から単線に移る片盤

*端島坑坑務課保安係　出山光儀技師が新人教育用に作成

**山本作兵衛氏の作品中に使用されている用語

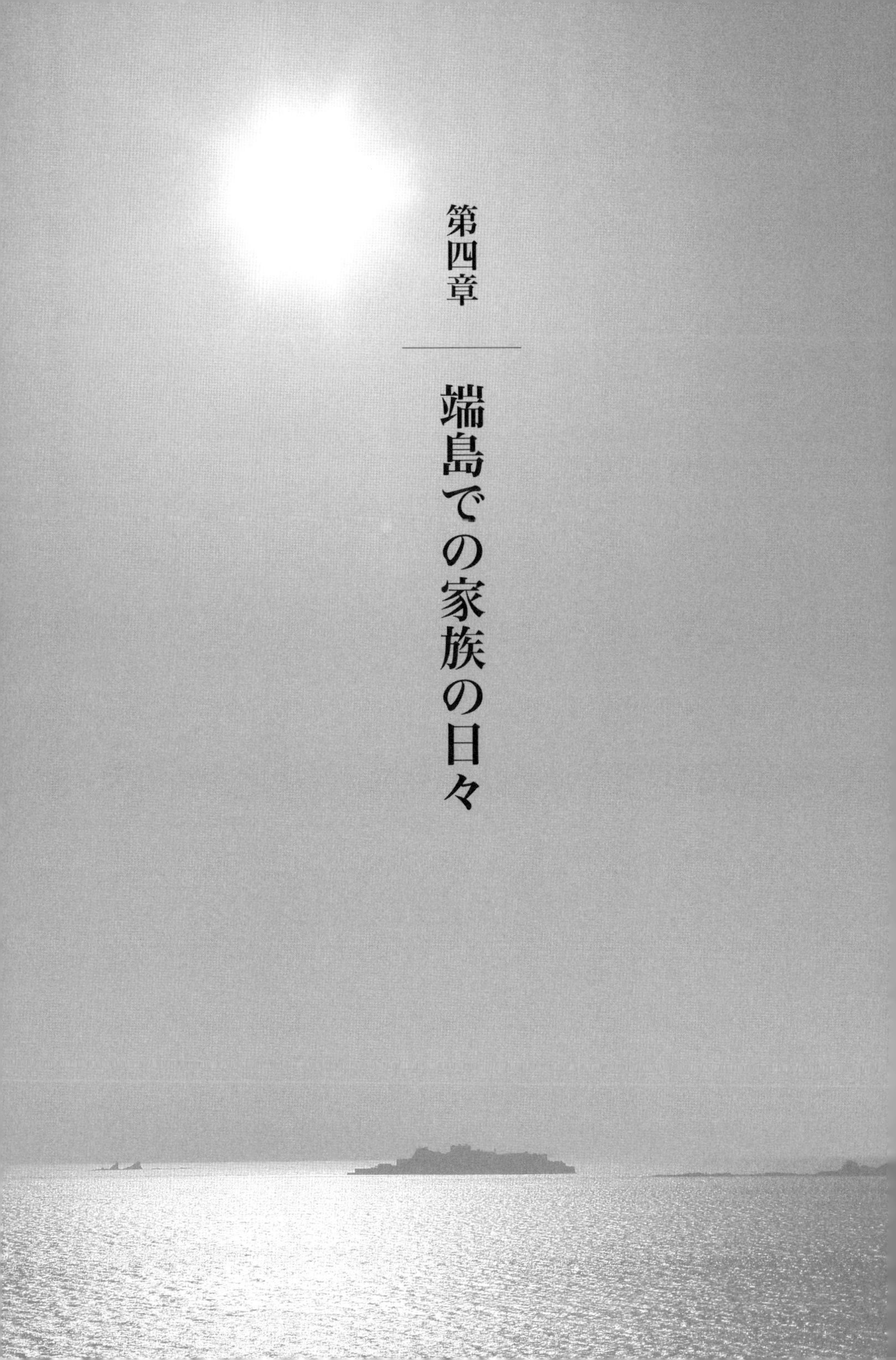

第四章

端島での家族の日々

一．独身時代（昭和26年～昭和33年）

坑外へ出てからの日々（昭和26年）

昭和26年（1951）7月、坑内から坑外の工作課に異動しました。当時をかえりみると、坑外はまだ木造家屋が多く残っていましたが、戦後の混乱も落ちついてあかるい雰囲気の島での日々でした。当時は65号棟に住んでいましたが、そこへの引っこしは突然でした。

昭和23年、瓊浦中学に進学して長崎に住んでいた私が、いつものように19号棟に帰ってみると、そこには家族は住んでおらず、すでに65号棟（報国寮）に引っこしたあとでした。その後結婚まで、私はこの両親の家に住み、山道を通って毎日通勤していました。「緑なき島」でもここだけは草木が少ししげっていて、気もちよかったです。

出勤し、作業衣に着がえ、陽光がさす工場で働くことは、坑内作業と比較すると精神的にも肉体的にも格段の差がありました。坑内の労働条件がいかにきびしいものであるかがよくわかりました。

父母は私が坑内で働いていた期間毎日、「だいじょうぶだろうか」とたいへん心配していたので、工作課への異動を心底よろこんでくれました。父母と私と弟（三男勇）の4人になった家族は島でのくらしを楽しくすごすことになりました。

家族のようす

ほかの家族がどうしていたかというと、長男竹夫は私が生まれたときには独立して長崎市で働いており、島で生まれた私とはほとんどいっしょにくらしたことがありませんでしたが、戦後復員してからは島にもどり、炭鉱の勤労課につとめ、島の女性と結婚していました。長女君子は戦後すぐ結婚して島を離れ、山口県防府市に移っていました。次女光子は三菱長崎造船所勤務の人と結婚し、長崎市に引っこししていました。三女信子は島の青年と結婚して島に残っていました。四女知枝子は大分県出身の寮生で組合執行委員をしていた青年と結婚して島にいましたが、昭和34年、夫の全炭鉱中央執行委員選出にともない東京都に転居しました。三男勇は中学卒業後私よりはやく端島坑に就職していました。四男栄輔は長崎の高校に進学し、卒業後高島町役場に就職しました。

昭和20年代の端島には木造家屋がたくさん残っていた。補強つっかい棒が特徴

戦前、戦中、戦後と苦難の時代をすごしてきた父母は、このころになってようやく安定した生活ができるようになりました。ときどき里帰りする姉たちが連れてくる孫たちを

抱きしめている光景は平和な家のなかの姿でした。

戦後の炭鉱は、混迷、混乱から抜け出して労使ともに、「日本を復興させるのは、まず石炭からだ。自分たちの仕事に誇りと責任をもって努力しよう」という目標を掲げていて、端島はあかるく活気がありました。

私は自分が生まれたところで仕事をすることが楽しかった。坑外で働く人はほとんど島の青年たちでした。顔見知りの先輩・後輩から激励の声をかけられてうれしかったです。そして親元での独身時代は自由で気ままな行動ができました。

毎日が映画鑑賞会(昭和26年)

就職した昭和26年ごろ、映画は最高の娯楽であり、島でただひとつの映画館であった昭和館はいつも立ち見が出るほどで、邦画や洋画が2本だてでほぼ日がわりで上映されていました。私もおなじようにほとんど毎日、映画鑑賞と称してかよっては、翌日の休憩時間にはなかまと映画の素人《しろうと》批評会という日々。これはおもしろかった。

日本映画はまだ白黒で、アメリカ映画はときどき「総天然色映画」と称してカラーの作品が上映されていました。

おもな上映作品

昭和24年　紫頭巾《ずきん》・青い山脈・晩春・銀座カンカン娘
昭和26年　ベーブルース物語・自由学校・進め幌馬車・佐々木小次郎・無防備都市
昭和27年　鞍馬天狗《くらまてんぐ》・源氏物語・山びこ学校
昭和28年　チャップリンの殺人狂時代・ひめゆりの塔

映画「緑なき島」の思い出（昭和23年）　端島にスターがやってきた

ときは3年ほどさかのぼりますが、昭和23年（1948）9月から10月8日まで、松竹映画「緑なき島」の長期ロケが端島でありました。

監督　小坂哲人、出演者は佐野周二、山村聡、幾野道子と大スターばかりでした。当時の宣伝を見ると、

《松竹超大作『緑なき島』海底三千尺の坑道に、火の男と鉄の男の激情が火花する壮絶！南海の夜空を焦がす情熱迫力篇、長崎港外に20キロの孤島、端島炭坑長期ロケの成果が今ぞ公開さる！》

若いふたりの鉱員の恋の争いと組合長選挙にからむ労働組合活動などが描かれていました。

当時の新聞によると、端島（通称軍艦島）に長期ロケして石炭戦士とともに40数日苦労することで、現地の雰囲気をあますところなく描写するのに成功し、占領軍総司令部（GHQ）当局からもこの

映画が石炭増産に寄与するところは著しく大きいと称賛され、11月2日、東京の国際劇場でワールドプレミアムショウと銘打って「緑なき島」を称える会が開催されました。

私が中学3年のとき、三菱長崎学生寮で登校の準備をしていると、だれかが「佐野周二がきているぞ」といって集まっていたのでいってみると、ちょうど近くに佐野周二がきたので、「おはようございます！」とあいさつしたら、手をあげて、「おー」と返事がきました。やっぱり大スターだ、カッコイイなあと思いました。

日曜日に端島に帰ったとき、ロケの現場を見ました。見物の人がたくさんいました。多くの島の人たちがエキストラで出演していました。大スターやめずらしい撮影現場を見ることができたのもうれしかったですが、自分の生まれ育った島が、そして知りあいがこの映画で全国に紹介されることを誇らしく思いました。

赤痢流行（昭和24年～昭和27年）

昭和24年（1949）ごろ赤痢が流行し、端島の赤痢患者数は昭和24年62名、昭和25年は73名、昭和26年は246名と、長崎県下で最多の赤痢患者発生という不名誉な記録をたてたため、会社は赤痢予防週間など定めて赤痢撲滅に協力し、その一環として全島いっせいの直接検便が実施され、私もはじめて受けました。現在ではなんともない検査ですが、当時は一大決心をしての検査でした。その効果があったのか昭和29年（1954）には終息しました。

当時の病院にはこれだけの伝染病患者を収容する隔離病棟がなかったので、軽症の患者は自宅療養となりました。

残念ながら亡くなった場合、葬儀は自宅か端島で唯一の寺「泉福寺」でおこなわれました。泉福寺の宗派は禅宗でしたが、宗派にかかわらず葬儀や法要を引き受けたので、同じ「ぜんしゅう」でも「全宗」と呼ばれました。島には火葬場も墓地もなかったので、1キロメートルほど離れた中ノ島で荼毘《だび》に付されました。墓のない家は泉福寺の庫裏《くり》にお骨を預けました。

成人式（昭和28年）

昭和28年（1953）1月15日、私は成人式を迎えましたが、いつものように出勤すると作業衣に着がえて、前日の仕事のつづきをやっていました。

開式まえに上司から成人式にいってよいとの許可があり、私は手を洗うと同級生に声をかけ、作業衣のまま小学校講堂でおこなわれた成人式に出席しました。

記憶がうすれてよくおぼえていませんが、50人もいたでしょうか。女性で晴着を着ている人はひとりもいず、みなふだん着のままでした。なかには赤ちゃんをおんぶしている人もいました。当時は高浜村の主催で、多数の来賓による心のこもったはなましと祝福を受け、大人になったことを自覚し、公民として自ら生きぬこうと気合をいれました。

お祝いの紅白饅頭をいただいて解散。会社にもどり、報告をして仕事をつづけました。

現在の成人式とは雲泥の差です。国は成人の日を祝日と定めていましたが、端島の労使間の労働協約では休日とされていなかったからです。勤労感謝の日もそうでした。

近代的な炭鉱とはまだいえない時代でしたが、戦前の端島には労働組合も労働組合法も労働基準法もなく、1日の労働時間は12時間から15時間でしたから、すこしは改善されていました。

同窓会(昭和28年)

その年に、成人式を記念して同窓会を開きました。場所は繁田繁行君の住んでいた宮の下B社宅57号棟1階です。男子21名、女子15名。多数の同級生が島で就職し、がんばっていました。

このとき同級生から聞いておどろいたことは、小学校を卒業して高等科1年になった終戦の年、選炭場で石炭とボタを選別する選炭作業に動員され、おばさんたちといっしょに作業をしたそうです。私が長崎市で被爆したころ、端島の同級生は肉体労働をしていたのです。

同級生の長崎商業の永田達彦君、長崎工業の古田進君は原爆の犠牲になりました。小学校のときおなじ机で勉強した朝鮮人の郭山龍守君は朝鮮への引揚げとちゅう、乗っていた船が機雷にふれ沈没し、亡くなったそうです。

ちいさな島の少年たちが戦争で命を奪われたのです。私は平和な端島、平和な日本の国をもとめて生きることを心に誓いました。

クラブ活動

坑外にあがったころ先輩に誘われ、めずらしかったこともあって、弓道をはじめました。19号棟の屋上に神棚がそなえられた射場が設けられ、そこで練習しましたが、夕焼けのなかで弦《つる》を離れる矢の音など、爽快な気分になりました。仕事がおわったあと練習しました。おなじ時期に撞球(ビリヤード)もはじめました。これも弓道とおなじでめずらしかったからです。

どちらもずっとつづけるつもりでいましたが、社内対抗バレーボール大会で九州代表になれば東京にいけるときいて、じゃあバレーボールにしようとバレーボール部に入りました。

・社内対抗バレーボール大会(昭和27年・昭和29年)

昭和27年(1952)10月、三菱砿業社内対抗バレーボール大会が東京で開催されました。全国大会に出場するためには九州大会で4位までに入らなければなりません。猛練習の結果、高島、端島、崎戸、九州事務所の4チームが勝ち残り、九州地区代表となりました。「さあ、東京いきだ」とうれしかったです。私は小学5年生のとき下関に一度いったことはありましたが、小、中、高校の修学旅行は戦中、戦後の混乱期だったため学校行事としてはなく、それ以後県外への旅行にはいったことがありませんでした。

大会に参加した部員は、三浦幾男、村山正則、野母太喜男、上野儀春、矢野末敏、吉田好男、船津数好、西村孝之、丸山徹、安達理一、平田哲也、山口(加地)英夫、加藤良雄の13人。三浦さん以外はだれも東京にいったことはありませんでした。

屋上でのバレーボール部活動

当時、長崎から東京までは列車でおよそ27時間かかりましたが、床に新聞紙をしいて寝るなどしてなんともありませんでした。とちゅう、富士山がきれいに見えて感動しました。せまい端島から出てきて見た東京のビルにはおどろきませんでしたが、広大な土地に圧倒されました。

試合は1回戦には勝ちましたが、2回戦で敗れました。対戦相手は記憶にありません。

第2回目の大会は昭和29年（1954）に開催されて、このときも九州代表として出場しましたが、台風15号により青函連絡船洞爺丸《とうやまる》が遭難し、乗船していた北海道代表の大夕張《おおゆうばり》炭鉱チームが不幸にして犠牲になりました。

試合当日、会社より説明があり、全選手が哀悼の意をあらわし、大夕張チームの御霊《みたま》安らかれと祈りつつ追悼試合をおこないました。

第1回大会（昭和27年）参加時。前列右からふたりめが私

・第3回三菱九州地区対抗バレーボール大会（昭和34年）

2回の全国大会のあと、バレーボールは地域大会のみ開催されることになり、端島バレーボール部は九州地区の大会をめざすことになりました。

昭和34年（1959）端島バレーボール部は第3回三菱九州地区対抗バレーボール大会に参加しました。

当初三菱上山田《かみやまだ》鉱業所でおこなう予定でしたが、台風14号のため嘉穂《かほ》高校体育館と屋外コートで開催されました。11チームが参加し、熱戦が展開されました。優勝は高島チーム。端島は1回戦で高島に2対0で敗れました。相手は優勝候補、私は闘志を燃やしてがんばりましたが、力つきました。

この大会のあとは、対外試合はなくなりました。私は職場対抗やPTA／地区対抗など島内

職場対抗バレーボール大会（昭和33年）。優勝した。○印が私

での試合で活躍しましたが、ものたりなく感じました。昭和33年（1958）9月の職場対抗バレーボール大会では、私の参加した仕上工場チームが15チーム参加したなか優勝しました。

二、結婚前後

馴れ初《そ》め（昭和34年）

私が子どものころ、母はよく故郷出雲の話をしてくれました。出雲大社から山ひとつ越えて日本海に面して深く切りこんだ鷺浦港（現島根県出雲市大社町）です。江戸時代には北前船でたいへんにぎわったそうです。私が端島坑につとめるようになったころ、その鷺浦から母宛に手紙がきました。母の姪（母の弟の娘）の加地《かじ》清野からでした。

母にかわり私が返事を出しました。端島の近代的高層アパート群や島の生活も書きました。

彼女からも鷺浦の歴史ある街並みや静かな海辺の集落のようすなどが書かれた私宛の手紙がきました。

それから文通がつづきました。彼女は島根大学の教育学部を出て田舎の小学校の教員をしており、母親とふたりでくらしていました。

昭和34年(1959)の正月、26歳のとき、鷺浦にいきました。叔母の家に一週間も逗留し、田舎の年末年始を楽しみました。

鷺浦のある大社町は勇壮な出雲神話の舞台で、古代からの悠久のときの流れを感じられるところでした。そのとき清野にあちこちを案内してもらいました。写真では知っていたものの、実際に会うのははじめてでしたが、徐々にうちとけ、おたがいに好意をもちました。

彼女の父親は船長で海の事故で亡くなったのですが、生前、私と清野を結婚させたい、できれば私に婿に入ってほしいといっていたそうです。私の母にも話していたらしく、母がそんな思惑で私を鷺浦にいかせたのではないかと端島に帰ってから思いました。

私は結婚のことを真剣に考え、もう一度ひとりで鷺浦にいきました。彼女と会って結婚を申しこみ、彼女は受けいれてくれました。

結婚式　そして30号棟での新婚生活

結婚式は、昭和34年3月30日、鷺浦にある*伊奈西波岐《いなせはぎ》神社にふたりでお参りしたあと、境内にある公民館でおこないました。26歳のときでした。妻はひとり娘だったので、妻の父の希望どおり私が婿に入り、私は山口英夫から加地英夫になりました。

古い歴史のある鷲浦には姓ではなく屋号で呼ぶ習慣があり、妻の実家の屋号は「餅屋」でした。最初は「持ち屋」だったのがいつの間にか「餅屋」になったとのことでした。ほかの屋号としては、岡田屋、上田屋、北国屋、讃岐屋などあり、由来はまちまちでした。歴史の浅い人工の島で生まれ育った私にとっては興味深い習慣でした。

妻の実家は古くからあり、私の代で17代目になります。だからこそ、跡継ぎのため私にぜひきてほしいと望んだのだと思います。おそらく親同士は早くから決めていたのだと思います。

妻が結婚してはじめて端島にきて、島を見たときの感想は、「よう、こんなところに住んで」というものでした。もし、事前に端島のことを知っていたらこなかったかもしれません。それでもとくに不満をいうこともなく、端島での生活をはじめました。

妻は端島にきてすぐ教職につくつもりでしたが、1年間待つようにといわれたため、専業主婦として日本最古の高層住宅である30号棟で新婚生活をはじめました。後日、妻は1年間ゆっくりできてよかったといっていました。

この年、端島の人口は5265人と昭和20年から昭和49年の閉山までの間で最多になりました。いちばん華やかな時期に新生活がはじまりました。

＊伊奈西波岐《いなせはぎ》神社　祭神　稲背脛命《いなせはぎのみこと》、合祭神　八千矛神《やちほこのかみ》、白兎神。稲背脛命は国譲りのとき、大国主命《おおくにぬしのみこと》の使者として美穂崎の事代主《ことしろのぬし》命《みこと》の所に遣わされた神様で大国主命の孫

夫婦とも働き（昭和35年）

昭和35年（1960）、妻は希望した端島ではなく、となりの高島小学校で長崎県での教員生活をはじめました。端島から高島まで毎日船でかよっていました。船でたったの15分間でしたが、朝7時ごろ家を出、夕方6時ごろ帰ってくる生活は若いからこそできたことです。昭和36年（1961）端島小学校に転任し、その翌年の昭和37年（1962）、娘を出産しました。その後閉山まで端島小学校に勤務しました。

端島で教職について妻がこまったことは、端島の子どもたちが話す方言がまったくわからなかったことでした。妻の話す方言は島根のずーずー弁でしたからまったくちがいます。

妻は当時にしてはめずらしく、島根大学の教育学部出身だったので、まわりから私は、「大学出の先生を連れてきたぞ」とはやしたてられました。

教えかたがよかったのか生徒たちの成績もよく、出入りする教師も端島の生徒は優秀だといっていました。

義母の呼びよせ（昭和37年）

娘が生まれた昭和37年（1962）、島根にひとりで住んでいた妻の母を端島に呼びよせて、3世代同居の4人家族となりました。活発だった私の母とちがい、おとなしく家でじーっとしている人でしたが、妻にかわって家事や娘の世話をしてくれたので助かりました。

義母は閉山後長崎に移ってから亡くなり、葬式も長崎でおこないましたが、出雲に埋葬しました。

島根にひとりで住んでいた妻の母を端島に呼びよせた

三、日常生活

住まいの移り変わり　7回も引っこす

住まいの移り変わりは島ならではでした。生まれてから小学校入学まで船頭長屋に住みました。小学校1年の昭和14年（1939）に、船頭長屋から日給社宅（19号棟・RC造9階だて）3階に引っこし、昭和23年（1948）まで住みました。昭和23年に「住宅入舎割当点数制」が導入され、勤務状況、家族の人数などにより点数が配分され、点数に応じてランクがつけられ、そのランクに達していないかぎり、希望するアパートに転居できないしくみになっていたので、ランクに応じて引っこしていきました。家賃はタダ同然でした。

この制度の導入により、高い点数をもっていた父は、希望する部屋にあきが出たので、最初にお話したような急な引っこしをすることになったとのことでした。

16号棟から20号棟までの日給社宅はみな大正7年(1918)にたてられました。当初の設計では13階だての予定でしたが、9階だてになったのは、大正11年(1922)の不況の影響で炭鉱では事業縮小による人員削減がなされたためとの私の推測です。

日給社宅は昭和30年代に51号棟、48号棟がたてられるまでは西側は海に面していたため景色がよくてあかるく、居住区は2階以上の階で1階は半地下になっていました。私が19号棟3階に住んでいたころ、16号棟の1階には浴場がありました。のちに碁会所、主婦会室などの公共施設や会社経営の厚生食堂やビリヤード場、個人商店なども入りました。2階以上の階には長さ61メートル、幅3・4メートルの大廊下が設けられ、通路としての役割はもちろん、給水場所や共有のもの置き、ときには夕涼みや子どもたちの遊び場となっていました。昭和38年(1963)には屋上に青空農園もつくられました。

65号棟は、昭和20年に完成した北棟と昭和24年に完成した東棟のL字型で9階だての2棟がさきにたち、南棟は昭和33年(1958)8月竣工しました。さきにたった北棟、東棟と南棟は間どりがちがっていたため、南棟は「新65号棟」と呼ばれていました。北棟、東棟の標準的な間どりは6畳・4畳半・台所で、トイレと洗濯場は共同でしたが、南棟は、間どりは同じでしたが、各戸に水洗トイレがついていました。65号棟は廊下をはさんで両側に部屋が配置されていました。全戸数317と端島一のマンモス棟でした。

昭和34年の結婚後、日本初(大正5年)の高層RC造の30号棟に引っこしましたが、6畳1間と台

最盛期の端島全景（昭和27年）

昭和40年（1965）新春。65号棟の屋上で

所だけとせまかったため、1年たらずで65号棟の南棟4階（6畳1間、台所、トイレ付）へ引っこしました。娘が生まれた昭和37年ごろ同じ65号棟の北棟の高島側の部屋（6畳、4畳半、台所）に移り、そのころ島根から義母を呼びよせ、家族4人ぐらしになりました。娘が保育園のころ東棟のコの字の内側（子ども遊園地側）の部屋に移り、閉山まで住みました。廊下をはさんで向かいの学校側の部屋に両親と弟の家族がいっしょに住んでいました。

すべての高層アパート群は隣接する棟との間を渡り廊下でつながっており、すべての棟に渡り廊下づたいにいくことができました。65号棟4階と7階の渡り廊下は山道（炭鉱施設から居住区へ東西につながる主要道路）につながっており、廊下づたいに各棟から山道へ出られました。

ただのような光熱水道および住居費

光熱水道費・共同浴場の入浴代および家賃はあわせてわずか10円でした。

家賃は戦後労働組合ができるまではタダでした。労働組合ができたあと、組合はタダにするよう要求しましたが、「タダは駄目」という会社側の申し入れがあり、「それでは」ということで月10円に決められたとのことです。この料金は閉山まで継続しました。

総理府統計局による『住宅統計調査報告』によると、長崎県の1畳あたり家賃は、昭和38年は165円、昭和43年（1968）は309円ですから、その安さは驚異的でした。

プロパンガスも、当初は1ヵ月に1本無料で配給され、2本目からは有料、昭和40年代になると有料化され、1本100円になりました。

屋上にそそりたつアンテナ群。人口密度に比例しているようだⒶ

3種の神器(テレビ、冷蔵庫、洗濯機)の普及

大型の神武景気を迎えた昭和30年代、新時代の生活必需品として宣伝され、みながあこがれた三つの電化製品、冷蔵庫、テレビ、洗濯機は「三種の神器」と呼ばれましたが、端島はその普及率において長崎県一とのことでした。

テレビは昭和34年、当時の皇太子(現今上天皇)ご成婚の年に普及し、その普及率はほぼ100%と日本一で、屋上にそそりたつアンテナが印象的でした。洗濯機はその2年前くらいから普及しはじめ、冷蔵庫も同じいきおいで各戸にそろいはじめ、テレビとほとんどおなじ時期にはどちらもほとんどの家庭に備えられていました。

両親の家では昭和30年(1955)ごろ、我が家でも結婚当初(昭和34年)からテレビはありました。冷蔵庫と洗濯機も結婚当初からもっていました。

流行に敏感な端島の人たちは、3種の神器以降も電気掃除機、電気こたつ、トランジスタラジオなど発売されると間もなく購入しました。

当時はやっていたフラフープやダッコちゃんも端島にはいちはやく入ってきました。

台所および洗濯場の変化

戦前から台所にはかまどと大きな水がめがありました。

かまどの燃料としては坑木を切りそろえたものがたきぎとして配給されていました。さらに、かまどで燃やした坑木を水で消した消し炭を七厘《しちりん》で火をおこして魚を焼いたりして、再利用していました。高島に会社の発電所（高島炭砿二子発電所）があったため、もともと電力は十分にありました。戦時中はさておき、終戦後電力事情がよくなってからは1kwや1・5kwの大容量のソケットが備えつけられ、大きな電熱器が台所に置かれ、調理に使われました。これもひと月10円の光熱水道および住居費だからできたことです。

水がめは、昭和32年（1957）の海底水道の完成による全戸への給水開始により台所から消えました。

昭和33年ごろからは冷蔵庫や電気炊飯器が台所にあるのがあたりまえになり、生鮮食品の保存が可能になりました。

洗濯の場所も、水道の各戸への設置と洗濯機の普及により、共同の洗濯場から各家庭へと変わりました。

貴重な水

水源のない端島では水はとても貴重でした。子どものころ、雨が降ると岩盤から流れる水をバケツにためていました。飲み水にはなりませんが、生活用水として洗濯や掃除用の水として使っていました。

戦前は海水風呂でした。家からバケツ一杯の水を持参して、熱湯を入れてあがり湯としていました。戦後も昭和30年代に水道が各家庭にいきわたるまでは、海がしけると海水風呂でした。

明治時代には海水を蒸留していましたが、十分な量ではなかったため高浜のほうから水を買っていたのではないかと思われます。

貴重な水を運んだ水船Ⓑ

水は、学校横に750トンの給水タンクが2基設置され、毎日、「三島丸」「第二三島丸」、「朝顔丸」の給水船（通称「水船」）3隻体制で1日あたり約700トン運ばれていました。1日500トンの消費と考えた場合、3日分しかありません。そのため少々のしけでは運航されましたが、海が非常に荒れ、1～2日給水船が欠航するとすぐ給水制限がおこなわれました。欠航は年間数十日にもおよび、海上を眺めて気もちを暗くしたものです。このような状況だったので、ほんとうに水をたいせつに、たいせつに使っていました。

水は配給制のようになっていました。水道は各棟の各階の廊下に1ヵ所だけ設置され、バルブをひねるハンドルは水の係のみ所持していました。たとえば、ある棟のある階の給水時間が8時から8時半だとすると、その時間にはだれかが家にいなければなりません。水の係が「今から3階を出します」というと、3階の各部屋の人は水道までいき、「お宅は何人家族なので、桶に何杯です」と割りあてられた分の水を会社支給の水の券と引きかえ、受けとった水を各家庭の水がめにためて使っていました。どこの家も大きな水がめを置いていました。

また、各階の水道の蛇口から水がもれていたら、子どもでもすぐ水の係に知らせるほど、だれひとりとして水をむだにはしませんでした。

この水の苦労は昭和32年に海底水道が完成するまでつづきました。

買いもの

・野母半島からの生鮮食料品(古か野菜場)

戦前の島への上陸口は海底ケーブルが通っている大きな穴のところでした。野母半島の漁師やお百姓さんが小さな漁船できて、上陸したその場所で新鮮な魚介類や野菜を売っていました。その場所のことを戦前から「古か(古い)野菜場」と呼んでいました。端島の島民は新鮮な野菜に飢えていたので、高浜のお百姓さんは「端島の人は新しければなんでも買ってくれる。長崎では売りものにならない少々まがったキュウリでも買ってくれる」と喜んでいました。

学校裏の「すべり」に上陸する行商人たちⒶ

マーケットは大にぎわいⒶ

戦後も高浜からの行商船はつづき、学校裏の「すべり」（小型船用着岸スロープ）や上陸桟橋から荷あげしたあと、島いちばんの目抜き通りであった日給社宅下の端島銀座に露店を出しました。いつも大盛況でした。島の人の買いものの特徴として、品物は高いものから売れていきました。

しかし、シケがつづくとこの生鮮食料品が入ってこないため、缶詰め料理ばかりの日々になりました。

・購買会と個人商店

島での買いものは購買会と個人の商店でできました。

購買会は59号棟と60号棟の地下にあり、食料品、衣料品、化粧品、タバコ、生活雑貨など日常必要なものを置いた会社直営の売店で、品ぞろえもいちばん多く、価格も市価より安かった

たいていのものがそろった購買会売店Ⓐ

です。個人商店には、魚屋、八百屋、肉屋、雑貨屋、本・文房具屋、酒屋、駄菓子屋、電気店などがありました。

この両者でたいていのものはそろいました。購買会は16時閉店だったので、夜間の買いものは個人商店でおこないました。戦後すぐ、日用品を売る労組の端島消費生活協同組合（生協）の売店もできましたが、4～5年で姿を消しました。

このように、島でなんでもそろいましたが、長崎まで買いものにでかける人も多かったです。

給料・勤務時間について

最初に配属された坑内のときの給料については、正確にはおぼえていませんが、1万円くらいで、坑外に移ったらその半分くらいになったように思います。ただし、会社の公休日は日曜日でしたが、私の所属した工作課の仕事は部品

生協もできたが、数年で消えたⒶ

の取りかえなど休業しているときにしかできない業務が多かったので、日曜出勤が多かったです。代休はとれましたが、とらないで時間外賃金をもらいました。通勤時間がほとんどなかったのでできたことだと思います。時間外勤務がひと月１００時間を超えることもあり、時間外賃金はかなりつきました。この長時間の時間外勤務のおかげで坑内とおなじくらいの収入があったのだなと思います。そのかわり、運動会などの行事やレクリエーションには参加できませんでした。

　勤務時間は戦後昭和21年に組合ができてからは8時～16時までで昼休みは45分間になりましたが、それ以前は12時間勤務で、昼休みは30分でした。よく朝鮮人の長時間の強制労働が問題にされますが、戦時中は日本人もおなじように1日15時間くらい働いていたそうです。

　閉山時（昭和48年（１９７３）ごろ）の月収は全国平

購買会売店にはおしゃれな洋服もならんだⒶ

均が約11万円だったのに対し、坑外は月収12〜13万円、坑内の間接は約15万円、坑内の直接（採炭・充填）は約20万円（17万円との説もあり）でした。

端島の人は福岡、長崎よりも裕福だったとよくいわれますが、実際は一部の人だけでした。鉱員の給料は日給でしたが、坑内は蒸し暑く体力的にきついため、25日間皆勤する人はあまりおらず、出勤率は75％程度がほとんどで、80％いけばいいほうでした。いわれるほどには収入は多くなかったと思います。また、組合は借金対策として、低利で貸し付けしていました。

それでも、ほとんどタダにひとしい光熱住居費のため、貯蓄や消費に使えるお金はほかのところよりは多く、流行の最先端を追いかける余裕があったのだと思います。

「職員」と「鉱員」 端島での人間関係

端島坑の従業員は本社採用の「職員」と現地採

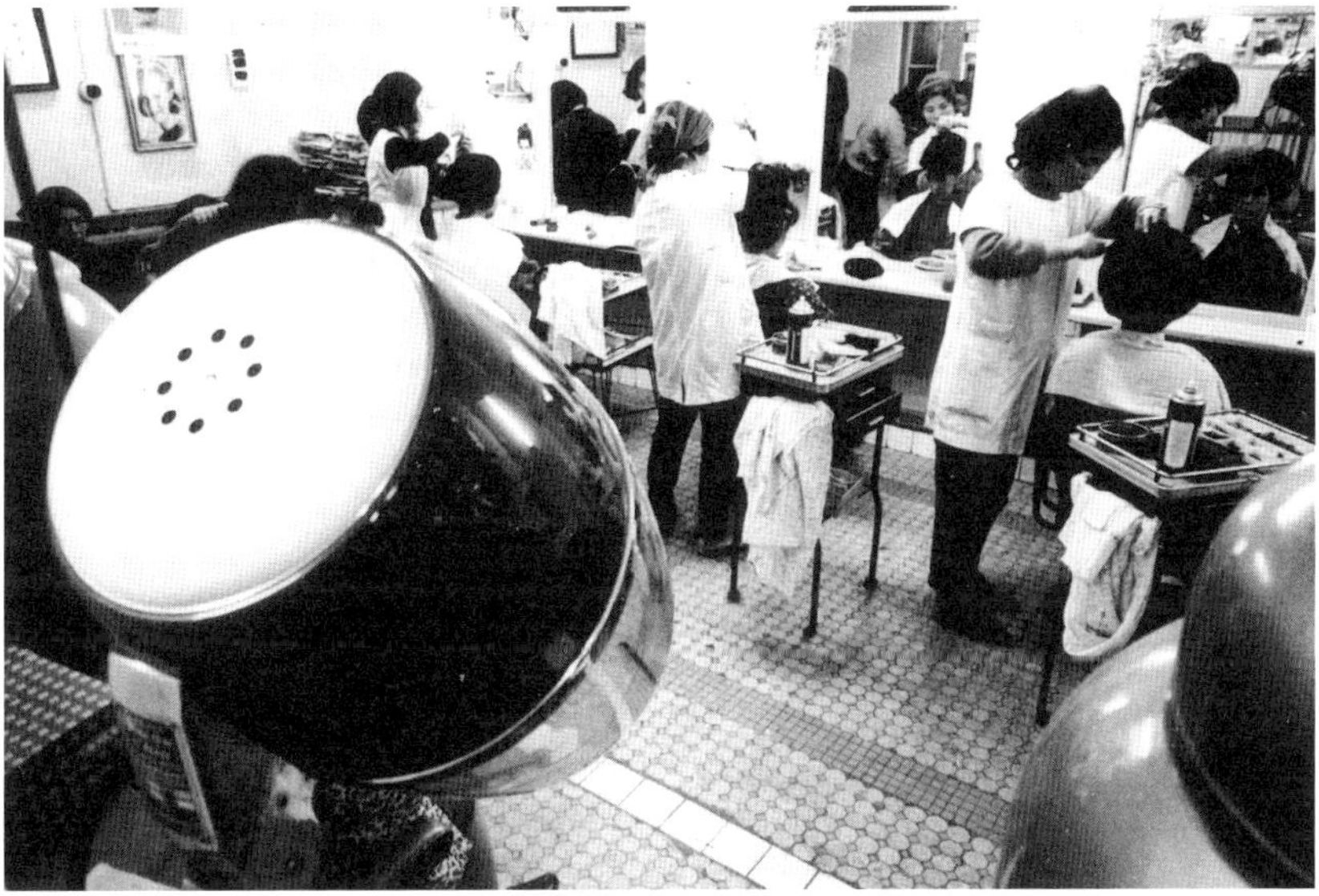
美容院も流行の先端をいったⒶ

用の「鉱員」に区分されていました。

生まれてから小学校卒業まで端島で育つと、子どもとはいえ、職員と鉱員の階級格差を感じました。同級生に坑務課長の息子がいましたが、その家は、玄関は広いし、床の間も広い。コンクリートのうえに木造家屋をたてているので、まわりにコンクリートの廊下がありました。「おまえのところはすごいなぁ」と彼にいったものでした。自分たちの住む鉱員の社宅とは雲泥の差がありました。

子どものころは意識しませんでしたが、大人になってふりかえってみて、職員と鉱員の格差をつよく感じました。戦後民主主義になり、組合ができたので対等な感じに思えますが、三菱の島である端島のなかではそういう関係があたりまえになっていました。

第五章

島の変化と発展

ここからは、端島のできごとについて、就職後のことを中心にお話ししたいと思いますが、そのまえに端島の概観についてふれておきたいと思います。

一．大いなる端島

端島坑の開発と埋めたてのはじまり

端島は長崎半島の西、長崎港から約18キロメートル離れた海上に浮かぶ、周囲約１２００メートル、面積約64平方メートル（約０・０６４平方キロメートル）、南北約４８０メートル、東西約１６０メートルの岩礁をコンクリートで埋めたてられてつくられた島です。この小さな島に最盛期の昭和35年（１９６０）10月には５２６７人（第９回国勢調査）が住んでいました。

端島は、もともとは岩礁からなる無人島でしたが、文化７年（１８１０）に石炭が発見されました。当初は近隣の漁民が漁業のかたわら「磯掘《いそぼり》」と称して採炭していました。

明治３年（１８７０）、天草出身の＊小山秀之進（のちに秀）が深堀鍋島家より端島炭坑の開発を請け負い、端島坑開鉱に着手しました。明治６年（１９７３）、出炭は年間３１５１トン、月平均２６３トンでした。明治７年（１８７４）８月には鉱区を取得（この年は出炭なし）、翌明治８年（１８７５）９月、小山は深堀鍋島家と、明治８年９月１日～明治10年（１８７７）２月を期限とする同坑の出炭請負契約を締結しました。彼はトーマス・グラバーの紹介でイギリス商社を通じ、外国人技術者を招へいし、山を崩し、海を埋め、堤防を築き、機械設備も整備しました。端島の埋めたての歴史のはじまりでした。

明治10年＊＊工部省長崎工作分局は小山の願いにより貯船を貸与し、長崎―端島間の石炭曳船として毎日往復しました。（期間は3月3日まで）しかし、同年台風により炭鉱設備の大半が破壊され、廃業しました。

明治15年（1882）、端島は深堀鍋島家当主鍋島孫六郎の所有になり、明治20年（1887）、深堀鍋島家は島の北端に第一竪坑（深さ36メートル、縦4・2メートル、横3・6メートル）を開削し、同年11月に着炭しました。この坑口の上に現在の65号棟がたったため、坑口は埋没しましたが、近くにある通称「五十段」下に第一竪坑の排気口跡をレンガで埋めたと思われる遺構が残されています。

明治3年小山秀之進が開削した横坑（追水卸）

＊小山秀之進（1824～1898）天草の御領地区生まれで、幕末、明治初期に活躍した大工の棟梁。グラバー邸、オルト邸、リンガー邸のほか大浦天主堂もたて、手がけた建物は世界遺産、国宝、重要文化財に指定されている。

小山秀之進の開削した横坑を追水卸として上層開発に利用したが中止となった

＊＊工部省長崎工作分局　文久元年（1861年）に「長崎製鉄所」（最初は長崎鎔鉄所）として完成。明治政府はトーマス・グラバーの小菅修船場をこれと合併させ、明治4年（1871年）4月工部省の所管として長崎造船所と改め、翌年長崎製作所と改名。明治10年（1877年）には長崎工作分局と改称された。明治16年（1883）廃止され、翌明治17年（1884）「郵便汽船三菱会社」が工場施設を借用、事業継承。（長崎大学附属図書館ホームページ・三菱重工ホームページより）

三菱高島炭礦端島坑の発展

明治23年（1890）8月、三菱社は鍋島孫六郎から端島炭坑を10万円で買収し、同時に海底鉱区25万1千坪を取得し、12月、端島炭坑は高島炭礦の支山となりました。こうして、三菱高島炭礦端島坑の歴史ははじまりました。

翌明治24年（1891）2月、買収時水没状態だった坑内を排水したあと、設備を増強した端島坑は出炭を開始しました。

明治26年（1893）旧第二竪坑（深さ162メートル）、明治27年（1894）第三竪坑（深さ198メートル）の開削に着手し、明治29年（1896）にどちらも完成しました。一方、第一竪坑は明治30年（1897）、坑内火災の消火のため水没し、廃坑となりました。

大正3年（1914）、端島坑炭層のなかでもっとも厚層の12尺層が発見され、11月から開削が開始されました。この12尺層の発見は端島の発展につながる大きなもので、翌大正4年（1915）5月1日に、12尺層着炭祝として全業務を休業にし、端島神社での臨時祭や花火の打ちあげをおこなうなど、全島あげての祝賀ムードとなりました。

大正時代は第三竪坑を捲き揚げに、第二竪坑を排気口として、海底下300メートルを採炭しました。大正8年（1919）第四竪坑（深さ370メートル）開削に着手し、大正12年（1923）に完成しました。

この大正年間に画期的な坑法の改革がありました。当時は沿層坑道のみを開削して採炭していましたが、炭層のしたの岩石に坑道を掘り、そこから炭層に目抜《めぬき》（接近して掘られているふたつの坑道を連絡する小坑道）をつくって掘っていくという合理的な坑法が導入され、第四竪坑の完成による深部採炭の開始とあいまって、出炭20万トン台と飛躍的に増えました。

軍艦島という名前の由来

なぜ軍艦島と呼ばれるようになったかというと、端島を北西から見たときの島影が、なにも艦上に装備されていない姿の戦艦「土佐《とさ》」に似ていたことから、大正10年（1921）に長崎日日新聞が「軍艦島」と明記したことにはじまるそうです。

海没処分のため呉に向かって長崎を出港した戦艦「土佐」(資料提供:大和ミュージアム)

軍艦島という名の由来となった戦艦土佐ににた島影

戦艦土佐は大正9年（1920）2月に三菱長崎造船所で起工され、大正10年12月に進水しましたが、大正11年（1922）のワシントン軍縮条約により廃艦が決定したため、船番もつけられず、エンジンも装備されないまま、同年8月1日、「富士」（ワシントン条約の結果、この1カ月後兵装、装甲を除去され特務艦（運送艦）となった）によって呉に曳航され、標的実験艦としての役目を果たしたあとの大正14年（1925）2月9日に名前の由来となった高知県沖で自沈処分された悲劇の戦艦でした。

呉に曳航される前夜、長崎の名妓として知られる愛八は、「土佐」が呉に曳航後海中に沈められると知り、出港前夜の海軍と三菱長崎造船所関係者との夕食会の席で、つぎのように即興で歌ったそうです。

土佐は良い子じゃ　この子を連れて
薩摩　大隅　富士が曳《ひ》く
鶴の港に　朝日はさせど
わたしゃ涙に　呉《くれ》港

海軍好きで知られた愛八は、薩摩、富士、朝日などの戦艦の名前や目的地である軍港の呉を入れて、沈められる運命である土佐を惜しみ、悲しんで歌で表しました。（三菱重工長崎造船所発行『長船よもやま話』より）

愛八と郷土史家古賀十二郎との交流を描いたなかにし礼の小説「ながさきぶらぶら節」にもこのエピソードが載せられています。

島の構造

島のほぼ中央を背骨のように縦断する山道をはさんで、西側が居住区、東側が炭鉱構内になっており、高島側の北東のはしに端島病院と端島小中学校および体育館が、炭鉱構内に接してたっていました。小中学校のプールだけは反対側の炭鉱坑内のはし、現在の第3見学広場付近に離れてありました。

地上の炭鉱構内は、南西のプール側から北東の学校側に向かって、仕上工場、鍛冶工場、坑内機械修理工場、倉庫、事務所、第二坑口桟橋（第二竪坑櫓《やぐら》）、選炭機、ドルシックナー、貯炭場、第四竪坑、清水タンク、変電所、資材倉庫などがありました。第二竪坑は低層建築からなる炭鉱構内においてひときわ高い端島坑のシンボル的存在で、祝日には国旗が、労働週間には緑十字の旗が掲揚されていました。

居住区内は、南から北へ、南西の炭鉱構内にいちばん近い日本最古の高層鉄筋コンクリート（RC）造アパートである30号棟、私が幼児期に住んでいた船頭長屋のあとにたてられた26号棟、海に面し、ボタ運搬用ベルトコンベヤーが建物内を通っていた31号棟から、学校そばの報国寮（65号棟）までぎっしりとRC造高層アパートがたちならんでいます。この林立する高層アパート群が遠目に軍艦と見まちがえさせる原因となっています。

島の道はどこもせまかったため大型車や普通車の運転は不可能でした。小型のオート三輪トラックが1台と数十台の自転車とリヤカーだけが輸送手段で、引っこしや大きなものを運ぶときは自転車やリヤカーが利用されました。

人口の推移

・第8回国勢調査（昭和30年（1955）10月1日）

端島　人口　5033人　世帯数　938世帯

この時期、端島病院では3日に1人（1カ月に21人）新生児が生まれていました。

・第9回国勢調査（昭和35年（1960）10月1日）

端島　人口　5267人　世帯数

東京都の人口密度の約9倍に相当する世界一の人口密度。

・第10回国勢調査（昭和40年（1965）10月1日）

端島　人口　3080人　世帯数　862世帯

昭和39年の自然発火事故の翌年のため昭和38年の4987人から激減しています。

・第11回国勢調査（昭和45年（1970）10月1日）

端島　人口　2910人　世帯数　871世帯

端島坑沖探炭工事中止発表後のため昭和44年の3688人から大幅に減少しました。

二．島のできごと

端島村道（通称「山道」）の完成（昭和26年）

端島村道（通称「山道」）は、島を横断して、貯炭場上の傾斜面に長さ200メートル、幅1・4メー

山道の中間に建立された石地蔵をおがむ人Ⓐ

島を移動する主要道路になった山道Ⓐ

トルで建設された主要道路で、始点は30号棟で終点は65号棟の東棟でした。

島の南北のはしからはしまでが舗装された道路でつながり、とても便利になりました。昭和26年（1951）5月20日に開通式がありました。

山道は65号棟から30号棟に出る道路に連結されていたので通勤にたいへん便利でした。夏は夕涼みの散歩道でもありました。私は、残業して夜帰宅するとき見る野母半島からのぼる満月の光が波間にキラキラと反射する景色や、四坑櫓《やぐら》が力づよくそびえたつ夜の鉱山の光景が好きでした。

のちに中間の山手に石地蔵が建立《こんりゅう》され、おばあさんたちが集まって楽しくすごしていました。私の母もなかまに入ってよく世話をしていました。

私が小学生のころ、ここは立入禁止でしたが、友だちとなかに入って遊びました。夾竹桃《きょうちくとう》の赤い花がきれいで、トカゲを見つけて大騒ぎしました。緑なき島といわれる端島でここだけは草木がしげっていました。

この山道のことを最近のある軍艦島紹介の本では「緑道」と書いていますが、「山道」は私たちが生まれたときからの呼び方です。戦時中、日本軍が他国を占領して日本名で○○通りなどと改称したことを思い出させ、いやな気もちになります。

急激な人口増加と住宅難による増築

昭和22年（1947）3815人だった人口は昭和24年（1949）には4570人、昭和27年（1952）には4939人と、人口の急激な増加にともなう報国寮（65号棟）東側7階からうえの増築もおわりました。毎日練習に使っていた屋上に赤土を運んでつくられたバレーボールコートもこのプレハブ社宅建築のためとりこわされました。

昭和27年になると旧6寮跡でアパートの建設工事がはじまりました。59号棟、60号棟、61号棟でした。地下は売り場面積約300平方メートルの会社購買会と共同浴場で、両施設ともアパートとは別の出入口で、とくに購買会のものは鉄製の頑丈な防水扉がついていました。島の北西部に位置し海に面していたため、台風の被害や塩害を避けるため、海側には防潮柵や窓なしの壁面、外壁の一部にはめ込まれた板や木製のベランダの手すりなどの防潮対策および高めの床にするなどの浸水対策も施されていました。島の人口はますます増加し、住宅不足となり、これ以後、端島では高層の建物がつぎつぎと建設されました。

高浜村から高島町へ（高島町との合併）（昭和30年）

昭和30年（1955）4月1日、高浜村からのつよい反対はありましたが、会社にとっては長年の懸案であった高浜村の端島と高島町が合併し、近代的なあかるい町役場の完成と同時に新制高島町が発足しました。人口は1万6904人（高島1万2134人、端島4770人）でした。

私は高浜村から離れる端島が少しさびしく感じられました。私の本籍地が父の出身地高浜村で、小学生のときは夏休みのたびに高浜村の伯父の家に泊まり、従兄弟たちと山や川で遊び、少しの間田舎の生活をしたせいでしょうか。それに対して、高島町端島となるのは都会的な気分でした。ふりかえると、当時の端島は都会と田舎がいっしょになっていたように思いますが、手紙を出すときの住所は「長崎港外端島」で全国に通用しました。

ドルフィン桟橋の建設

・日本初のドルフィン式可動桟橋完成で旗行列（昭和29年）

昭和29年（1954）8月27日、日本初の*ドルフィン式可動桟橋が完成しました。

この最初の桟橋の構造は、海底地盤に凹凸《おうとつ》があるため、梯形型に捨石をつみ重ね、そのうえにケーソンを据えつけ、さらにそのうえにコンクリートの「ドルフィン桟橋」を構築したものでした。「ドルフィン」を採用したのでドルフィン桟橋なのでしょうが、桟橋がいるかのように揺れ動くので、「ドルフィン」桟橋と名づけられたとも思っていました。

このドルフィン桟橋の完成により、過去70年の間、原始的なハシケで、ときには危ない思いをしての船の乗り降りから解放された4500島民の喜びはひときわ大きいものでした。

島内の各戸には日の丸の旗が掲げられ、小学生の旗行列がおこなわれました。午前10時半、岸壁でブラスバンドの演奏とたくさんの島民による歓迎のなか、社船夕顔丸が桟橋に到着すると、佐藤勝也長崎県副知事が紅白のテープにはさみを入れ、島の二世代夫婦、高比良さんによる渡《わたり》初《ぞめ》式がおこなわれました。つづいて落成式が小学校講堂で挙行され、完成を祝いました。夜は提灯行列《ちょうちんぎょうれつ》が島をねり歩きました。29日の夜にはNHK長崎放送軽音楽団を招いて、のど自慢演芸大会が小・中学校校庭の特設舞台でおこなわれました。

このように多彩な行事が連日くり広げられ、全島は祝賀一色にぬりつぶされました。

＊ドルフィン　船舶の係留施設のひとつ。一般に陸岸から離れて海中に孤立し、船の長さの1／2～1／3間隔で築造されるのでこの名称があり、船舶を係索する綱取ドルフィン、船舶を接舷させる接岸ドルフィンなどがある。構造としては鋼管杭（くい）、鉄筋コンクリートケーソン、井筒、鋼矢板セルなどを用いたものがある。（『日本大百科全書（ニッポニカ）』より）端島の場合、船舶を直接護岸に接岸できなかったためドルフィンを用いたといわれる。

完成した初代ドルフィン桟橋。島じゅうが祝賀ムードいっぱいで祝ったのだがⒶ

・ドルフィン桟橋三代記

初代のドルフィン桟橋は波高3メートルに耐える設計でした。ところが完成からわずか2年後の昭和31年（1956）8月、台風9号の襲来によりこの桟橋は一瞬にして根こそぎ流失しました。

第二代「ドルフィン桟橋」の建設は、端島の従業員および家族の切なる願いで、長崎県の災害復旧工事として取りあげられ、じつに1年半にわたる研究の結果、波高7メートルに対して安全な設計がなされました。その特徴は「ドルフィン桟橋」の主体を鉄骨とし、これに*プレパクトコンクリートを施すことによって波浪方向に対する抵抗を少なくし、基礎ケーソンの据えつけをやめて、海底地盤を干潮面から9メートルまで掘りさげ、岩盤に鉄骨の脚をたてこむという基礎強化がおこなわれました。

第二代「ドルフィン桟橋」は昭和33年（1958）4月に着工され、同年10月に完成しました。しかしこれも昭和34年（1959）9月に端島を襲った台風14号の逆波《さかなみ》にひとたまりもなく、その姿を海中に没することとなりました。おそら

初代ドルフィン桟橋の渡初式Ⓐ

く12～13メートルの波高に達したと思われます。

第二代「ドルフィン桟橋」崩壊後の島民のようすは、

〈いま端島の人たちが一番欲しがっているのは船着場（桟橋）だという。

桟橋は数年前の台風でこわされ、今では高い岸壁から海へ突き出た応急桟橋からひとまず団平船に乗り、さらに本船へリレーする不便さで、海が荒れると婦女子の乗り降りはハラハラするくらいだ〉（昭和37年〈1962〉1月9日長崎新聞）

一度ならず二度までも巨費の投入が水泡に帰する結果となりましたが、なんとしても端島に桟橋をつくりあげたいという従業員および家族の熱意は盛りあがり、第三代「ドルフィン桟橋」の建設が進められました。

運輸省第四建設局、長崎県そして高島砿業所の技術者も参加して、慎重な調査・研究をおこない、設計されました。

その内容は、岸壁からおよそ12メートルの海中に長さ25メートル、幅12メートル、海底からの高さ15メートルの長円形人工島を**マスコンクリートを打って構築し、この人工島と岸壁との

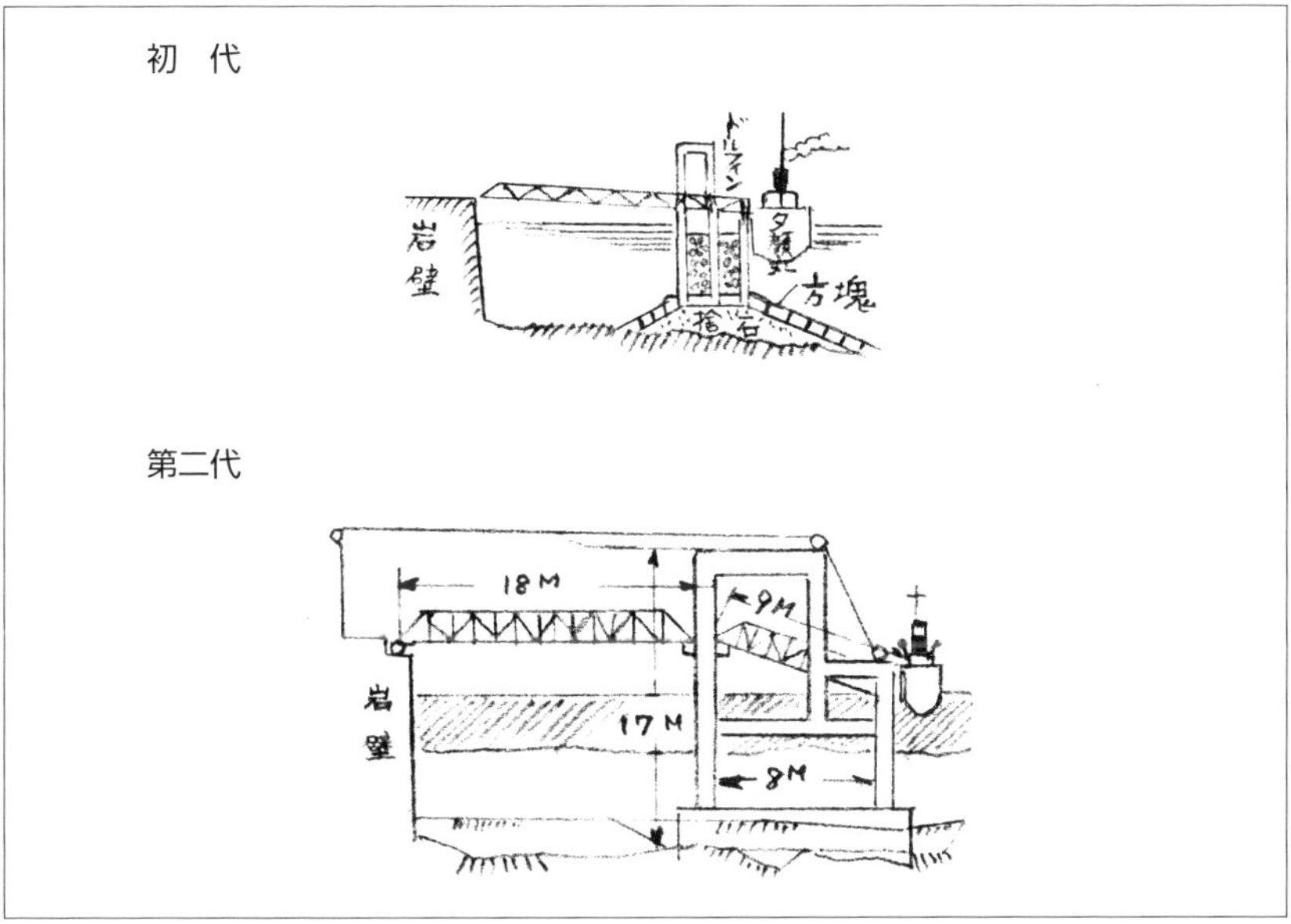

初代「ドルフィン桟橋」、第二代「ドルフィン桟橋」の図面（著者作図）

間に、長さ12メートル、幅2メートルの渡り桟橋をかけ、乗客はこれを渡って人工島までいき、さらにそこから潮の干満によって上下する可動式桟橋を通って乗船するしくみになっていました。

昭和36年（1961）4月に着工、工事関係者は海中の難工事と冬季の打ちつづく悪天候を克服し、昭和37年4月に第三代「ドルフィン桟橋」を完成させました。この桟橋はいまも残っています。待望の新桟橋の完成を記念して高島町主催で小学校生徒の旗行列などのかずかずの催しがおこなわれました。

＊プレパックドコンクリート（prepacked concrete）　あらかじめ型枠中に充填（じゅうてん）した粗骨材の間に埋設したパイプを通して、セメントペーストまたはモルタルを充填してつくるコンクリート。（『日本大百科全書（ニッポニカ）』より）

＊＊マスコンクリート　おおよその目安として、広がりのあるスラブについては厚さ80～100㎝以上、下端が拘束された壁では厚さ50㎝以上のコンクリート（土木学会『コンクリート標準示方書』より）

夕顔丸の接岸した第2代ドルフィン桟橋Ⓐ

今も残っている第3代ドルフィン桟橋Ⓐ

島民の足 社船夕顔丸の廃船（昭和37年）

端島への往来はすべて船便しかありませんでした。その足の便を担ってくれたのが「夕顔丸」という三菱の社船でした。

夕顔丸は明治20年（1887）2月21日、三菱長崎造船所で同社初の鉄製汽船として進水しました。当時の造船所には現在のような船台はなく、イギリス人技師の設計により、砂浜に足場をくみ、建造されました。鉄でつくった船が浮かぶというので、遠方からワンサと腰弁当さげての見物人が押し寄せてにぎわいました。航海技術者（船長）なる人も当時は少なく、初代の船長は外国人でした。

《三菱長崎造船所4番船夕顔丸、206トン、330馬力、速力8ノット、わが国で初めて軟鋼製のボイラーを装備、三菱炭坑社向け貨客船。明治20年5月竣工》（三菱重工ホームページより）

夕顔丸は当初から長崎―高島・端島間の貨客船兼曳船《ひきぶね》として使用されました。外国船の長崎出入港時の港内から港外（伊王島沖）へ、あるいは港外から港内への曳船としても使用されました。この曳港《えいこう》賃がたいしたもので当時の金額で100円から200円だったといわれていますが、それでも当時の外国船にはなくてはならぬ存在でした。そのほか、石炭を満載した帆船を曳航しての大阪までの航海や、団平船《だんべ》の曳航もおこないました。

当時の高島、端島の石炭積込桟橋に大型の石炭運搬船の横づけはできなかったので、夕顔丸は石炭の積みこまれた帆船や団平船を1日に70隻あまりも長崎まで曳航したり、大しけのなか、水団平船3隻を高島、端島に曳航したりしました。

昭和9年（1934）、夕顔丸は乗船者の増加にともない、前部のりっぱな食卓を置いた船員食堂やコック室（コック長もいた）を改造し、畳敷きの客室としました。

室内の正面には夕顔丸にちなんで夕顔の花が木彫りにされ、金箔を塗った装飾もほどこされていました。最初短かった煙突は石炭の燃えが悪いということで長くなりました。

昭和6年（1931）に、夕顔丸は長崎港—高島—端島間の定期貨客船航路の社船として就航しました。当初の始点は長崎港。昭和18年（1943）ごろ高島に移りました。以後、高島↓端島↓高島↓長崎港のルートで1日3便運航され、1便が午前6時半、第2便が午前11時、第3便（最終便）が午後4時に高島を出港しました。

昭和13年（1938）、船員もろとも軍の徴用船となり、揚子江で上海・漢江間の軍隊輸送に、弾が雨あられと降るなかでの敵前上陸に活躍しました。

戦時中は、出入港時に戦艦武蔵などを建造していた三菱長崎造船所内が見えないように、航行中に船員が造船所側の船上を帆布で覆《おお》って目かくしをする光景が見られました。

昭和20年（1945）のある日、端島沖で米戦闘機グラマン3機の奇襲にあい、2回にわたる機銃掃射に見舞われ、船体には数百発の弾丸を受け、機関のパイプにも数カ所命中、沈没はまぬがれたものの航行不能におちいり、曳航されてやっとのことで長崎にたどりつきました。

夕顔丸は75年間という定期船の最長運航記録をもっています。定期船の耐用年数が約50年といわれるなか、驚異的な長さです。これは、夕顔丸が深く島民の生活に密着し、愛され、たいせつにされてきたからでこそでしょう。

単なる貨客船としてではなく、たとえば野辺送りの曳船としても活動しました。端島には火葬場がなかったので、遺体は約1キロメートル離れた中ノ島までハシケで運ばれ、遺族らを乗せた夕顔丸がそのハシケを曳きました。また、火災の際には高島から消防団員を乗せて運び、夕顔丸の船上からも消火活動がおこなわれました。

　このように、明治、大正、昭和の三代にわたり、高島、端島の人びとに愛され、長崎の人びとからも親しまれた夕顔丸は、昭和37年（1962）4月1日に廃船となりました。普通の船の何倍も長生きし、島民の足となり活躍してきましたが、よる年波には勝てませんでした。

夕顔丸は惜しまれつつ、その任務を終えたⒶ

　通常の船舶耐用年数が20～30年とすれば、船齢74年の夕顔丸は異例であり、船舶常識からいえば当然廃船されるべきものでした。三菱長崎造船所の技術による修理を重ねることでこれまで航行してきましたが、もう限界でした。三菱長崎造船所の定期検査で、これ以上の運航は保安上からみて事実上不可能とされ、廃船にふみ切らなければならなかったそうです。社船は朝顔丸だけを残し、ほかはすべて廃止となりました。

　社船にかわって、昭和36年（1961）12月から野母商船が運航開始した「せい丸」、「つや丸」がそのまま長崎―高島―端島航路を引きつぎ、運航しました。夕顔丸の船賃は会社関係者は5円、社外は30円でしたが、野母商船の船賃は会社関係者でも40円（昭和42年2月1日現在）と高くなりました。

昭和37年3月31日夕顔丸は最後の航海をおこない、その際終航記念としてとくべつに端島を一周し、万感の思いで見つめる島民に別れをつげ、汽笛の余韻と島民哀惜のなか輝かしい一生の幕を閉じました。

私が夕顔丸のことで思い出すのは、あのズシンズシンと胸につたわってくる蒸気機関の力づよい振動で、この船なら大波もくだいて進んでいくだろうとの安心感を与えてくれました。

そして、私にとって夕顔丸はいわばいちばん近い「端島」の象徴でした。中学の合格発表後最終便に乗り遅れて途方にくれたり、稲佐山中腹から端島いきの夕顔丸の出港をみてホームシックにかかったりと。夕顔丸に乗ったら「もう端島はすぐそこだ」という気もちにさせてくれる。おそらくほかの島民も同じように思っていたのではないでしょうか。

島の災害

・昭和31年台風9号

昭和31年（1956）8月16日、ニュースによると台風9号は夜半に五島方面を通過するとのことだったので、、夕刻までに避難や台風対策をすればだいじょうぶだろうと思われていました。

しかし、午後2時ごろから、無風状態にもかかわらず大きなうねりが南部の岸壁に襲いかかり、打ちあがった大波がつぎつぎと押しよせ、私の職場である仕上工場の周囲にあふれてきました。

午後、台風対策で雨戸をくぎで打ちつけたり、機械の部品を整理したりしていたとき、工場横の下請住宅の子どもたちが工場2階に避難してきました。避難命令があったのか、それともこわくなって自分たちで逃げてきたのか。いままでの台風ではなかったことでした。風はさらにつよくなってきました。子どもたちを工作課事務所に連れていくことになり、女の子をおんぶしていくとちゅうで海水はひざまで達しました。もうこれはたいへんなことになったと思いました。

家に帰ると父と弟といっしょにかねて用意していた角材で、雨戸、ガラス戸を補強して万全を期しました。いままでになんども台風を経験しましたが、こんなにおそろしい台風ははじめてでした。

大波によりけずりとられた護岸

眠れぬ夜をすごし、出勤しておどろきました。工作課事務所が倒壊していたのです。仕上工場まで深くえぐりとられた地面、そのうえに鍛冶工場の大型エアハンマー機械が落ちていました。想像もしなかったことが目のまえにありました。ようやく工場2階にたどりつき、屋上にあがってみると、岸壁は破壊されて無残な姿でした。はかりしれない自然の猛威に打ちのめされた光景でした。

台風の波の威力は建物も粉々にしてしまう

当時の情報によると、入坑した二番方の坑内員全員を昇坑させる緊急事態となっていました。病院裏の岸壁が約10メートル崩落したのをはじめ、完工後わずか2年の初代ドルフィン桟橋が海中に没し、表海岸の15トンクレーンがふきとばされ海中に落下、その後台風のいきおいは増大し、社宅にも被害が拡大していきました。

・昭和34年台風14号

昭和34年（1959）9月16日の夜半から17日にかけて台風14号が襲いかかりました。瞬間風速38メートルを記録し、ふたたび端島に大打撃をあたえました。体育館は横だおしになり、二代目のドルフィン桟橋はまたもや海中に沈みました。

南部護岸、積込桟橋も損壊しました。端島工作課で実際に調査した南部沖合160メートルに設置した波高計の資料によると、桟橋倒壊の16日午後8時ごろの波の高さは7メートル前後

台風のときの波はビルの高さまであがった

昭和31年台風9号により崩壊した工作課事務所と被災した仕上工場

小中学校木造旧校舎の火事(昭和32年)Ⓑ

を記録、波高計は17日午前2時20分に波高8・5メートルを記録した後、その機能を停止したそうです。

この台風で島で唯一の映画館である昭和館も被害を受けました。

・小中学校木造旧校舎の火事(昭和32年)

昭和32年(1957)4月1日早朝、火災のサイレンが鳴りひびきました。起きあがった私は、火事は近いと感じました。あたりが急にさわがしくなり、学校が火事だとわかりました。4月から開校の6階だての新校舎ではなく、木造2階だての旧校舎が燃えていました。おりからの北西のつよい風にあおられ、火勢はつよく、ベランダからのぞくと私の顔を熱い煙がおおいました。だいじょうぶだろうか、65号棟は?　新校舎に燃え移ったらと思うと不安になってきました。

消防団がかけつけたときは一面火の海で、手のほどこしようもないほどはやい火のまわりでした。隣接する端島病院も全焼。新校舎は一部類焼。65号棟9階社宅は罹災《りさい》19世帯81人。高島町の消防団、対岸の高浜村や蚊焼村などの多数の消防団の応援を得て、また夕顔丸からも放水して、ようやく午前8時半に鎮火しました。死者1名を出しました。

新学期から新校舎でという学童たちの期待を大きくうらぎった大火災でした。午前5時、木造校舎当直室より出火。発見がおくれたということが大火の最大の原因であり、場所的に水利も不良、消火器具類も不十分であったことなど指摘されました。

島の昨今
高島町 端島 ⑨
家庭は百%電化
交通の不便だけが悩み

当時の新聞記事Ⓐ

マスコミの注目の的「端島」（昭和30年代）

昭和30年（1955）11月17日に、NHKが海底炭鉱の島「軍艦島」をあらゆる角度から描写した短編映画*「緑なき島」を全国に放映しました。20分間、そうとう見ごたえがあったらしいですが、そのころはまだ電波が届かなかった端島では見られなかったことが残念でした。

いろいろな話題の宝庫として端島「軍艦島」は全国メディアの注目を集めていました。

昭和35年1月16日付朝日新聞と昭和37年1月9日付長崎新聞に端島の特集記事が掲載されました。

ほかにも、主婦の友社が特殊な島として4日間にわたる坑内外の取材をおこない、神戸新聞の記者が来島、取材したりと、端島はジャーナリストの注目の的といった状態でした。

＊今年（平成27年（２０１５））8月23日、ＮＨＫの「ＮＨＫアーカイブス『軍艦島よ　永遠に～未来に伝える〝産業革命遺産〟～』」中で放映された。同番組には私自身も出演した。

海底水道の完成と水船の廃止（昭和32年）

終戦後、会社事業の拡張やアパートの増設で水の需要量は急激に増加し、昭和32年には給水船による補給は限界点に達していました。

この年の10月12日、世界に例を見ない画期的な海底水道工事が完了しました。対岸の野母半島にある西彼杵郡《にしそのぎぐん》三和町《さんわちょう》に水源地を取得し、そこから海底に敷設した管を通して端島および高島に送水するという計画で、総工費3億1000万円、端島への送水目標は1日あたり1350トン、高島へは3650トン、総計5000トンでした。この海底水道の完成により、給水船のうち「三島丸」、「第二三島丸」は廃止され、「朝顔丸」のみ社船として残されました。

海底管は、陸上で管を接合し、船を使って管を海底に置き、引きずり出していくという「海底曳航法《えいこうほう》」により敷設されました。海底管の曳航作業は、2本の鋼管をまず三和町岳路《たけろ》―高島間（5

キロメートル）に、つぎに岳路―端島間（6・5キロメートル）にそれぞれ敷設しました。管の直径は高島用が200ミリメートル、端島用が150ミリメートルでした。

1日あたり1300トンあまりの新鮮な水が海底のパイプを通り、島の各家庭の蛇口に届き、いきおいよく出てくるのを見て、これまでバケツをさげ、水桶をかついで運んでいた主婦の苦労や、雨水、海水まで利用していた水のなやみは一挙になくなり、島民のよろこびは最高でした。いままでの反動で、みなが好きなだけ水道を使った結果、長崎市より使用量が多くなったこともあったとのことです。

私は、この海底水道が端島の生活環境を飛躍的に向上させ、生活も楽になっていくだろうと期待しました。

小中学校合同校舎完成（昭和32年）

昭和32年、当初6階だてで建設中だった端島小中学校新校舎は昭和32年の学校の大火による一部類焼のため、4月の完成予定がおくれて10月5日に完成しました。7階だてで端島初の水洗トイレつきになりました。1階から4階までが小学校、5階と7階が中学校で、7階には家庭課教室と化学教室が併設され、技術工作室は1階につくられました。3階には職員室、6階には講堂、図書館、防音装置つきの音楽室も設けられました。体育館も昭和45年（1970）に校舎裏側にたてられました。

もっとも児童・生徒数が多かった年は昭和37年（1962）で1学年3～4クラスで小中あわせて

水道管を敷設している工事船Ⓐ

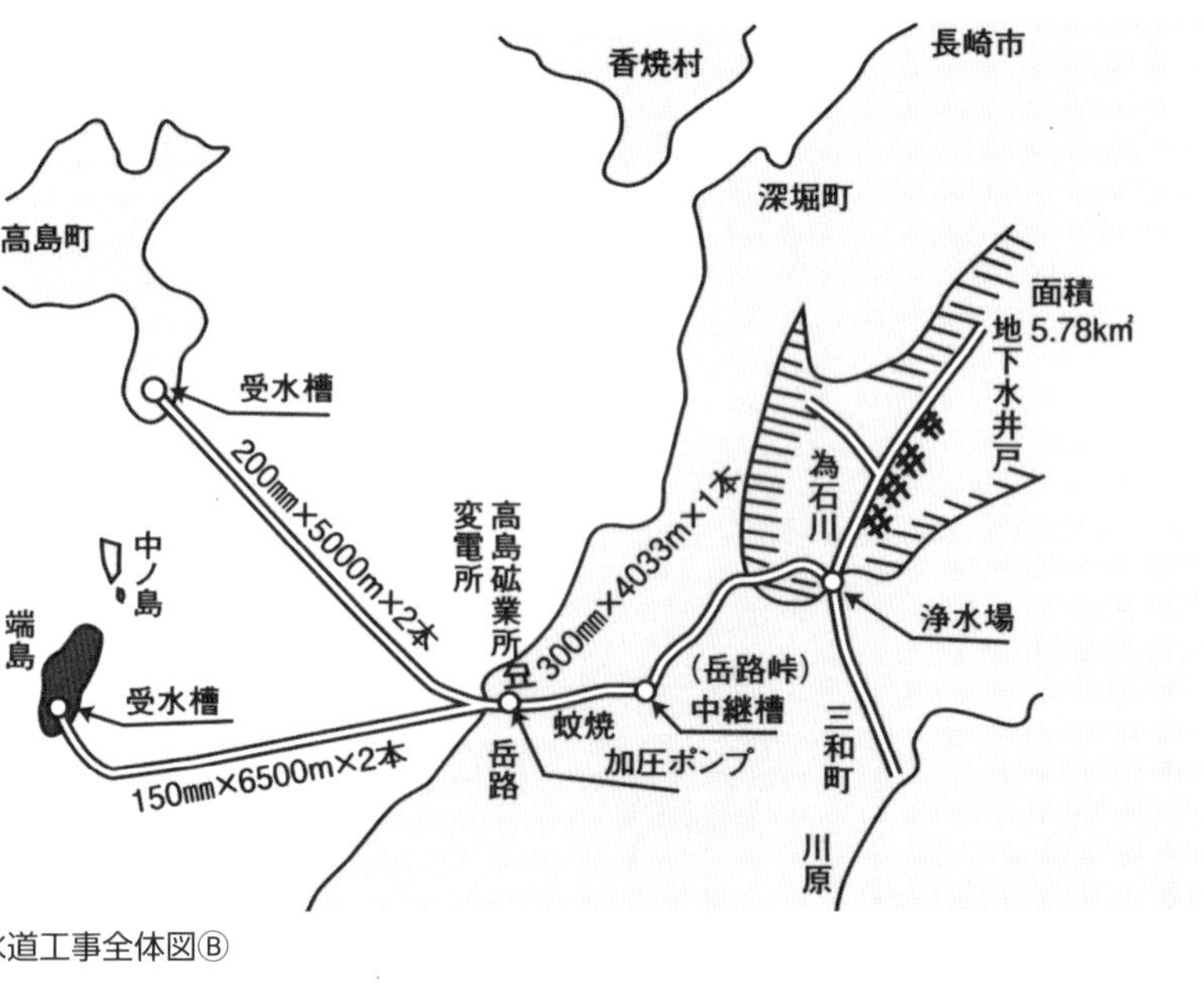

海底水道工事全体図Ⓑ

約1170人でしたが、3年後の昭和40年（1965）には1学年2クラス、児童・生徒数690人と大はばに減少しました。前年の自然発火事故による人員削減が影響しました。

端島病院の新築（昭和33年）

昭和33年（1958）には島民待望の鉄筋コンクリート4階だての三菱端島病院（診療科：内科、外科、耳鼻科、眼科、産婦人科、歯科）が完成し、それまで体育館にあった仮設病院より移転をはじめ、3月8日には真新しい設備により診療を開始しました。病室は大部屋3、小部屋3でベッド数は29でした。

新しく完備された診療施設の端島病院があることは、私のみならず、全島民に安心感をあたえてくれました。

島の緑化（昭和38年）

戦後「緑なき島」という題名の映画が全国で上映されたため、端島の人たちには「緑なき島」ではなく、「緑したたる島」へという気もちがつよくあり、いろいろな島の緑化への試みがされてきました。

昭和38年（1963）4月、端島園芸同好会が発足し、講習会や研修旅行など、趣味を通じて人の和をひろげつつ、島内緑化運動を進めました。町や会社も温室をつくったり、計画的に植栽をしたりして大きな成果をあげました。

緑したたる屋上農園Ⓑ

屋上農園でつくった野菜を収穫する子どもたちⒷ

屋上農園の完成（昭和41年〜昭和42年）

昭和41年（1966）から昭和42年（1967）には、青空子供会とPTAが中心になって18号社宅屋上に農園ができあがりました。会社や組合の協力で高島町と香焼町から土を運び、子どもたちは船着場からバケツで一杯ずつ屋上まで土を運び、農園をつくりました。施肥や畝起し、種まき、苗の植付、お父さんやお母さんといっしょになって、トマト、ナスビ、カボチャ、キュウリ、ヘチマ、トウモロコシ、大豆などが植えられました。毎日の水やりや雑草とりで苦労しましたが、収穫祭には万国旗をかざり、学校の先生を招待しての屋上パーティになりました。

昭和42年には田植えをし、秋に収穫したもち米でもちつきをし、端島神社にお供えをしました。

中ノ島水上公園完成（昭和37年）

中ノ島は、戦前はテングサ（トコロテンの原料）やフノリ（糊の原料）をとりにいく磯辺でした。

昭和35年12月着工、昭和37年4月1日に完成した中ノ島水上公園は、全長１２５０メートル、幅２メートルのコンクリート舗装の遊歩道、ブランコや砂場のある広場、山頂には展望台と休憩所を完備した面積４・２ヘクタールの広さで、桜の木が植えられ、春は花見でにぎわいました。船着場も設置され、端島―中ノ島間運搬船が運航していました。

炭層のあった中ノ島は明治10年ごろ、長崎の深堀藩鍋島孫六郎によって開坑されましたが、明治17年（１８８４）９月、三菱が買い入れ、明治26年５月までの10年間操業がつづけられましたが、廃坑となりました。その間の出炭量は83万６８８７トンと記録されています。

この中ノ島につぎの話が残っています。

戦前、戦後にかけての約５〜６年間、端島坑の在籍者で「中ノ島牧夫」こと吉田甚之助夫妻とその男の子３人が中ノ島に住み、やぎ20数頭、豚３匹を飼育し、野菜も畑をつくって栽培していた

皇太子ご夫妻の乗船された「ひらど」を歓迎する島民

そうで、飲料水や米は端島までとりにかよい、子どもも海が荒れるとき以外は小船で通学していたそうです。そこで端島の人は彼のことを中ノ島村長と呼んでいたそうです。

のちに、このやぎは身をもって戦後の食糧不足緩和のために貢献し、端島の寮生諸君をよろこばせる結果となったそうです。戦後、私はこのやぎを夕顔丸の船上から数頭見たことがありました。

皇太子ご夫妻の端島視察（昭和44年）

昭和44年（1969）9月7日、秋の長崎国体臨席中の皇太子ご夫妻（現 天皇・皇后両陛下）が特別船「ひらど」で端島を船上から視察されました。ご夫妻を一目見ようと、岸壁は人の波と日の丸の旗で埋まりました。

皇族も関心をもたれるほど端島は注目されていると思い、そこで働いていることに誇りを感

学校付近の建設飯場の火事（昭和45年）。たくさんの貴重な資料が失われたⒷ

じたものでした。

学校付近の建設飯場の火事（昭和45年）

昭和45年6月19日、学校に隣接する木造の建設飯場から出火し、全焼しました。死者2名の大火でした。

この飯場とともに、そのそばにあった清水建設の事務所（端島の建設工事のほとんどをおこなっていた）も焼失しました。そこには端島で建設された建物の設計図が多数保管されていたにちがいないと思っています。貴重な資料が失われたと思うと非常に残念です。

第六章

島の行事と楽しみ

一・行事

山神祭

会社が坑内の安全祈願のために祭った端島神社は、島で生まれた私たちの氏神《うじがみ》様であり、神社のしたの岩盤は遊び友だちとの秘密基地でした。

端島神社のお祭りであった山神祭は、会社が島を譲り受けたときからつづいてきた行事でした。

毎年4月3日、前夜の宵祭りにつづき、端島神社では鉱山（ヤマ）の平安と発展を祈願して多彩な行事がおこなわれました。すべての行事に先がけて、神社では鉱長をはじめ、職員・労動組合代表および関係者多数が参列して祭典がおこなわれ、引きつづき渡御《とぎょ》が開始され、お旅所《たびしょ》に向かって、お神輿《みこし》は青年団員や各地区からの神輿かつぎの若者によって神社の急な段をくだると、かわいいはっぴ姿でせいぞろいした保育園児の樽神輿の行列がつづき、ますますにぎやかになりました。整然と交通整理をするボーイスカウト隊員の活躍もみごとなものでした。

山神祭。神輿が山からおりてきたⒶ

島を一巡した神輿が学校校庭のお旅所に到着すると、各踊町《おどりちょう》（地区）（端島舞踊部、婦人会、主婦会有志からなる）による奉納踊りがおこなわれました。

校庭では奉納相撲も開始され、豆力士の熱戦に声援が送られ、少年の部、つづいて一般力士の取り組みに大歓声がわき起こりました。

午前中昭和館において、永年勤続表彰式がおこなわれました。山神祭のよき日にあたり、永年端島に勤続し、ヤマの発展に寄与した人びとに対し、その功労に報いる表彰状と記念品が贈られました（5年以上5年ごと）。

夜は全島民慰安の夕べとして端島軽音楽部による演奏会が昭和館でありました。この催しは定まったものではなく、のちには各地区による自由な出しものが評判になりました。

私自身の思い出としては、子どものころ、のぼりをたてて祭りの行列を先導する旗もちに選ばれたことです。このときはとびあがるほどうれしく、誇らしく思いました。

この、島をあげてのお祭りである山神祭も、昭和48年4月3日が最後となりました。このころになると人も少なくなり寂しくなっていました。おそらくこれが最後の山神祭となるだろうと思うとなおさらさびしく感じたものでした。

端島神社のご神体のミステリー

端島神社のご神体は、天照大神《あまてらすおおみかみ》、海の神の金毘羅権現《こんぴらごんげん》（子どものころは、端島神社のことを「こんぴらさん」と呼んでいた）、のぼりもたてられていたので山の神である大山祇《おおやまづみ》の三体だと思われていまし

メーデーでのジグザグ行進Ⓐ

た。

しかし、閉山のとき大山祇の本山にご神体をお返しにいったところ、そちら（端島神社）には祭られていないといわれたので、そのままもち帰ったとのことでした。

では、いったいどちらのご神体だったのでしょう？　長崎県の神社庁関係者が調べてくださったところ、学問の神様である菅原道真公《すがわらみちざね》が祭られていたとのことでした。端島が教育熱心だったのはこのためだったのかと思いました。高島の副長で、端島をまかされた石川直記が端島開発開始後すぐに端島神社を建立《こんりゅう》しましたが、教育がたいせつだということが頭にあって、道真公を祭ったのではないかと考えています。

メーデー　島民みなの祭典だった

メーデーは世界中で5月1日におこなわれる労働者の祭典です。端島では端島労働組合主催

高浜海水浴場。背後には端島が見えるⒶ

でおこなわれていましたが、島民のほとんどが端島坑関係者であるため島民みなが楽しみにする祭典でした。ビルの谷間やとても急な地獄段をねり歩き、学校の校庭ではジグザグ行進をするなど、島のあちらこちらを、ときには家族連れでデモ行進し、集会をおこないました。

第43回メーデー（昭和47年（1972））のように雨の場合は集会は体育館で開催され、午後雨があがってから行進しました。

年によって規模はちがいましたが、前日の4月30日に前夜祭がおこなわれました。昭和31年（1956）の第27回メーデー前夜祭ではラジオの人気番組をまねた「部会対抗ラジオ人気番組大会」がおこなわれ、部会対抗とあって白熱しました。

第43回メーデー前夜祭はとくに華やかで、「家族だ仲間だ 歌合戦」での熱唱や、「ダンスパーティー」などみんなで楽しみました。

メーデー終了後は、毎年恒例の福引抽選会がおこなわれ、からくじなしなので、みななにかもらって帰りました。

海水浴

会社の行事として、毎年日帰りで、高浜海水浴場へ全島民で海水浴にいきました。高浜海水浴場は私の父の出身地でもある高浜にありますが、端島の対岸にあり、そこから端島をながめながら泳いだものです。とくに夕日を背景にした端島の光景は忘れがたいものです。白いきめ細やかな砂と遠浅ぎみの砂浜で子どもでも泳ぎやすい、家族連れ向けの海水浴場で、家族全員で楽しみました。「日本の水浴場88選」にも選ばれており、当時から水質もよく、いまも長崎市民に愛されています。

ペーロン大会

会社が夏の行事としてペーロン競争を主催しました。船3艘など必要なものは会社が深堀あたりから練習期間だけ借りておこなわれましたが、あまり長くはつづきませんでした。

盆行事

毎年8月12日夜、端島砿創立以来の尊い殉職者英霊の慰霊祭が泉福寺においておこなわれました。鉱長、遺族、町支所、職労組代表者、ほか多数の参列者のもとに、しめやかに施行されました。

海水浴。端島なみの人口密度Ⓐ

ペーロン大会も一時期は年中行事だったⒷ

盆行事の精霊船Ⓐ

15日は、朝から青年団員の手によって杉の葉が飾りつけられた精霊船《しょうろうぶね》に、極楽丸、西方丸の帆もかけられて仕あげられ、黄昏《たそがれ》がせまれば、お供物をもって集まる人の数が増え、出発の時刻にはお供物は満載となります。

毎年のことながら線香の煙、飾り提灯《ちょうちん》、人の波で校庭はいっぱいになり、ならんだ精霊船からの線香の煙のなかで僧侶の読経がはじまり、やがて精霊船は学校海岸から若者の肩にゆられて、海に浮かべられ、提灯の灯も美しく、沖へ沖へと遠くなっていきます。端島ならではの夏の夜の情景でした。

そのあとは盆踊りです。3日間のお盆休みのまえから練習して、みな参加しました。赤や青緑など美しいボンボリでかざったヤグラを三重、四重にかこみ、老若男女が端島音頭や炭坑節を踊りました。ときには盆踊りのコンクールもあって、入賞をめざし、大盛況でした。

みなで楽しんだ盆踊りⒶ

16日、日没後、学校運動場からさかんに花火が打ちあげられ、最後をかざるしかけ花火の一瞬に、島内から歓声がわき起こり、盆行事はこの花火大会で終了となりました。

盆踊りの端島音頭は、この端島で誕生しました。いつごろかはわかりませんが、昭和22年(1947)か昭和23年(1948)ごろではないでしょうか。作詞は当時勤労課にいた淀川正二氏で、作曲は端島音楽部部長で坑務課の光田藤雄氏でした。振付は端島舞踊部の女性でした。戦後の混乱と不安のなか、端島はいちはやく立ちあがり、歌も踊りも自分たちでつくって楽しみました。

NHKの「日本の民謡」でも端島音頭が全国放送されました。その際、私は担当ディレクターに、「従業員による作詞・作曲・振付であること」を話してほしいとたのみましたが、残念ながら放送ではふれられませんでした。

【端島音頭】　淀川 正二 作詞
光田 藤雄 作曲

一、野母のナー野母の山から
　端島を見ればヨー
今日もくるくる薬研が廻る
炭が湧出る　宝島　ソレ
ホンニヤレソレ　宝島

二、沖のナー沖の三ツ瀬の
　朝霧晴れてヨー
今日もお日さん笑顔でのぞきゃ
島に流れる　朝の唄　ソレ
ホンニヤレソレ　朝の唄

三、空をナー空を飛んでる
　水鳥さえもヨー
つばさ休めるあの高所は
端島自慢の九階建　ソレ
ホンニヤレソレ　九階建

四、あれはナーあれは夕顔
　長崎通いヨー
赤い三菱　波間にゆれて
うれしい便も二度三度　ソレ
ホンニヤレソレ　二度三度

五、色はナー色は黒いが
　きろうてはならぬヨー
炭で汚れた自慢の顔ヨ
端島男の伊達すがた　ソレ
ホンニヤレソレ　伊達姿

六、端島ナー端島銀座の
　　　灯ともすころはヨー
胸もはずむよ映画の便り
恋し彼女と二人連れ　ソレ
ホンニヤレソレ　二人連れ

七、沖のナー沖の漁火
　　　またたくころはヨー
二ツ並んだやぐらの上に
逢いに来たよな
　　　月が出る　ソレ
ホンニヤレソレ　月が出る

会社大運動会

毎年11月3日に開かれた会社大運動会は1年のうちもっとも大きな行事のひとつでした。小学生から大人まで島全体が参加する、いちばんのスポーツの祭典でした。

子どものころはこの運動会の賞品が楽しみで、いっしょけんめい走りました。そのなかでも最後におこなわれた職場対抗リレーはこの大会のクライマックスでした。私も仕上部会の選手として出場しました。職場対抗リレー、社宅をいくつかの地区に分けておこなわれた地区対抗リレーなどでは、選手は全島民の声援を受け、意気揚々と走りました。

会社大運動会(入場式)Ⓐ

会社大運動会での表彰式Ⓐ

坑内につかう杭を組み立てる競争をする「枠入競技」Ⓐ

三菱創業百年記念従業員大運動会（昭和45年）

昭和45年（1970）秋、三菱操業百年記念従業員大運動会が秋晴れの日曜日に学校グランドで開催されました。ほとんどの島民が参加し、端島沖開発中止という暗い現実をこのときばかりは忘れ、楽しい一日を過ごしましたが、私はこの日も休日出勤で参加できませんでした。娘は徒歩競争で1位だったとのことでした。

みかん狩り（昭和46年）

昭和46年（1971）11月28日、労働組合社宅協議会は、高島町、会社の協力を得て、全島民参加の「みかん狩り」行事を実施しました。時津町日並まで島民約700人が参加し、貸切バス10台を連ねての大規模な催しとなり、一日じゅう家族ともども楽しくすごしました。

「歩け歩け運動の会」（昭和47年）

昭和47年9月24日　会社と労働組合による文化行事実行委員会主催で「歩け歩け運動の会」が開催され、全島民参加で野母港《のもこう》より脇岬《わきみさき》まで歩きました。みな、階段の多い端島では経験できない長い平坦な道を歩くことを楽しみました。残念ながらこの日も私は出勤で、妻も娘も参加しませんでした。

二、楽しみ

スポーツ

私自身のバレーボール部でのクラブ活動については前に記しました。ここではそれ以外の島のスポーツ活動について書きたいと思います。

スポーツ部の活躍

野球部は、昭和29年8月19日から20日にかけて東京の小石川球場で開催された第3回三菱社内対抗野球大会で鯰田を6対5で破り、優勝。そのつぎの昭和32年（1957）8月の第4回大会は決勝で崎戸に3対0で敗れ、惜しくも準優勝でした。さらに昭和36年（1961）9月開催の三菱九州各場所対抗野球大会や昭和38年（1963）6月の石炭鉱業主催長崎県炭鉱野球大会でも優

労組と会社が共催した「みかん狩り」Ⓐ

勝しました。
剣道部は、昭和35年（1960）の三菱社内対抗全国大会で優勝しました。同年6月に福岡市で開催された第8回九州炭鉱剣道大会団体Bでも優勝しました。

子どもたちの活躍

スポーツでの活躍は子どもたちも同様で、端島中学校は昭和40年代に、剣道部が西彼杵郡中体連で昭和41年（1966）および昭和43年（1968）準優勝、昭和42年（1967）優勝。柔道部が昭和43年準優勝、昭和47年および昭和48年（1973）優勝（昭和48年は県中体連でも準優勝および個人優勝）、昭和43年には女子バレー部も優勝。昭和45年には庭球部が準優勝、昭和48年には卓球部も準優勝、と輝かしい成績をあげました。これらの活躍の要因のひとつは三ツ瀬開坑による生徒数の増加にあるでしょうが、なくなってしまう母校の記憶を後世に残そうと子どもたちががんばったことによるのかもしれません。

このような端島のスポーツでの活躍は、どうしてあんなにせまくて満足なグランドもない、けっして恵まれているとはいえない練習環境にあるチームがつよいのかと不思議がられましたが、大人も子どもも、たとえば水を抜いたプールを運動場がわりに使うなど創意工夫をして練習した結果かもしれません。子どもたちについてはよい大人の見本があったということもあるでしょう。

昭和42年度のスポーツ活動について、就任1年目だった当時の端島小中学校長井田禮次郎氏が端島小中学校ＰＴＡ会報で、つぎのように述べています。

『…体育面では小学校の小体連ですが、他の大きな学校を向うに廻し堂々と立派な成績をあげて他校の校長先生や諸先生に「端島の猫の舌のような運動場で感心だ。めずらしい！！」と感嘆の言葉を聞いたのは耳新しいことであります。中学校でも中体連で剣道部が本校創立以来初優勝をとげ且その中の一人が県下中学校生徒の中の優秀選手の一人として登録され、某高校から「推薦状を送つてほしい」、と要請があつたりし、又その他のクラブも相当な成績をあげ得たことは、これ等を指導して下さつた先生や校外の諸先生に対し深甚の敬意を表し厚く御礼を申し上げたく存じます。そして生徒自身に対し「我々もやれば出来る」と言う自信と誇りを持たせ得た事を大変喜んでいる次第です。…』

職場対抗軟式野球（ソフトボール）大会

組合主催でおこなわれました。最初は軟式野球大会でしたが、あまりに多くのボールが海にとんでいったので、もったいないといって、最後にはソフトボール大会になりました。経済的な理由もありましたが、むしろソフトボールのほうがだれでも参加できるからということで人気が出たので変更されました。この大会にも仕上部会の選手として参加しました。

・昭和47年大会

昭和47年5月6日（日）、職場対抗ソフトボール大会決勝戦がおこなわれました。大会は1週間かけて開催され、平日の一番方があがった午後4時以降に予選がおこなわれ、決勝が日曜日にくるようなスケジュールでした。全島民が応援しました。優勝は坑内工作チームでした。わが仕上工場チームは4月29日、一回戦で採炭チームに11対1で敗れました。私もファーストで出場しましたが、ヒットなしでした。

・昭和48年大会

昭和48年8月　最後の職場対抗ソフトボール大会が開催されました。私は坑外連合で出場しましたが、採炭Aに6対2で敗れました。私の成績は4打数2安打でした。

文科系クラブの活躍

文科系ではかるた部が県内で有名でした。昭和39年（1964）2月、長崎県かるた選手権大会は県下各地から約60人が参加し、長崎市聖徳寺《しょうとくじ》で開催されました。端島かるた会からも代表選手10人が出場、1位から4位まで独占し、小佐々又俊さん（坑務測量）が優勝し、県知事杯を獲得しました。この大会2連勝。長崎市長杯も2連勝しました。

音楽部は山神祭の際のアトラクションで音楽会を開くなど活発に活動しました。

スポーツ同様、端島は絶海の孤島でありながら、端島音頭をつくり、歌い、踊り、芸能大会で表彰されるほど文化活動がさかんな華やかな島でした。小中学生の勉学においても、理科や算数の研究発表会を再三おこなうなど注目されていました。

町の文化活動

終戦から10年もすぎ、「もはや戦後ではない」といわれ、「神武景気」と呼ばれた好況のなか、日本人はよく働き、端島では三種の神器(テレビ、電気冷蔵庫、電気洗濯機)以外に、電気炊飯器、電気掃除機、電気こたつ、トランジスタラジオなどの耐久消費財が流行し、生活はしだいに派手になっていくようでした。

このようななか、高島町教育委員会を中心に会社、労組、婦人会、主婦会、公民館などの話しあいにより、生活改善、結婚簡素化、年末年始の自粛などの新生活運動に取り組むことになり、婦人会や主婦会の活動は積極的になりました。炭鉱鉱山文化協会主催の生活改善中央講習会(東京)に参加したり、東京や長崎から有名な講師を迎えて勉強会を開いたりしていました。公民館の婦人学級の洋裁、和裁、生け花、編みものなどの作品展示会も毎年盛況でした。

戦前の島民の生活からすると、昭和30年代の端島は、最高に光り輝く豊かな島でした。

文化祭

昭和25年(1950)から、会社文化部による美術展が毎年11月に開催されました。絵画、写真、華道(主婦が参加)、短歌、児童の図画、書道などの作品が出品・展示され、お茶のお手前、舞踊の発表会などもおこなわれる、子どももふくむ全島規模の催しでした。総出品数が250点にのぼるときもありました。昭和34年、35年は台風被害で開催できませんでしたが、昭和36年の第8回美術展は新築の体育館で盛大に開催されました。

文化祭(書道)Ⓑ

文化祭(お茶のお手前)Ⓑ

その後、昭和39年の坑内自然発火変災による深部水没から三ツ瀬区域の採炭ができるまでの数年間途絶えました。

昭和44年（1969）秋に、今度は会社、労組、公民館の共催で文化祭として復活しました。会場は組合会議室および公民館で、3日間の開催期間中、連日満員の大盛況でした。

翌昭和45年の第2回文化祭は、会社、町、組合の三者共催で11月25日より組合会議室および公民館を会場として開催されました。第一会場の労組会議室では、絵画、書道、写真、手工芸品を中心とする作品が展示されました。絵画の出品はほとんどが油絵で31点を数え、とくに学校の先生方の出品がめだちました。書道では、公民館で指導している秋本先生を中心にその学級生の作品が多く出品され、力づよい書は見る人を圧倒しました。写真は、なんとなく年々さびしくなっていくようで20点の出品でした。そのほか生徒の絵が75点展示され、会場をにぎわせました。3日間の延《のべ》入場者数は1780人でした。

昭和46年の第3回文化祭は作品を一堂に集め、町立体育館で12月4日より3日間開催されました。出品作品数124点、出品者83名を数えました。3日間の観覧者数は延1240名でした。

コラム　4

入社以前の文科系クラブ活動

昭和21年（1946）11月、鉱山文化連盟主催鉱山芸能大会において、端島坑音楽部は歌謡曲部門1、4位、音楽部門1位とすばらしい成績を残し、終戦直後の暗い雰囲気を払しょくした。

そして、毎度いわれることだが、あの小さな島からよくぞこれだけの好成績をとふしぎがられると同時に感嘆の目でみられた。

撞球（ビリヤード）場の新装（昭和26年（1951））

新装の端島の撞球場では毎日多くの人がすっきりと整頓された明るい雰囲気のなかで楽しそうに技を競っていました。会社が呼んだ指導者の山口さんは、かつて日本撞球選手権保持者として活躍されたすご腕のもち主で、当時62歳。その技量はたいしたもので夫婦そろって後進の指導に余念がありませんでした。

私も教えてもらうとすぐに夢中になりました。

撞球場の歴史は古いⒶ

昭和館の改装（昭和35年）

昭和35年（1960）1月、前年の台風14号で被害を受けた昭和館の改装が完成し、見ちがえるほどきれいになり、気もちよく映画鑑賞ができるようになりましたが、そのころにはテレビの普及で入場者は激減し、「映画も忘れないでおでかけください」と宣伝していました。

同年の上映作品

第5戦線、無分別、女が階段を上る時
尼僧物語、13階段への道、黒い画集
裸者と死者、路傍の石、濹東綺譚

昭和館は映画の上映だけでなく、山神祭やメーデーのアトラクションやコンサート、会社主催の式典などさまざまな催事の会場にもなりました。昭和館は昭和40年代はじめに、映画館

白水苑　連日にぎわっていたⒶ

としては閉館され、そのあとは集会場や卓球場として使用されました。

会社経営の娯楽施設の開業（昭和40年）

三ツ瀬区域操業再開後の人員不足対策として、昭和40年（1965）、会社経営によるコーヒーショップ・バー（白水苑）、パチンコ店、ゲーム店などが開業しました。

三、社会活動

青年団活動

戦後青年団が20代の端島出身者（男性のみ）によって結成されました。戦前から会社が高浜村の青年たちにもちつきを依頼していましたが、島の青年団でもやろうということになり、島じゅうの人たちがもってきたもち米で各家庭の正月のもちをつきました。

社交ダンスは組合ダンスといって組合で盛んでしたが、私が端島坑に就職したころにはすたれていました。そのころはフォークダンスがはやっていました。青年団では、知りあいの県庁の人から指導を受け、普及させました。

青年団員は山神祭の神輿かつぎやお盆の精霊流しでも活躍しました。

青年団作成時に端島青年団団歌がつくられました。一説によると火野葦平の作詞といわれています。

【端島青年団団歌】　作詞・作曲者不詳

一、層樓幾多重なりて
文化の施設備われる
我等が端島ふと見れば
波上に浮ぶ軍艦島

二、海より出でて海に入る
金色の陽は若人が
国を想い世を想う
愛の炎に似たらずや

三、世は混沌の闇深く
人は名利に走るとも
我等気を負い正を踏み
守らんかなや秋津洲

ボーイスカウト活動がさかんで、長崎近郊の各隊が端島に集結した（昭和40年）Ⓐ

ボーイスカウト西彼第5隊・第6隊結成式（昭和28年）

昭和24年（1949）に財団法人ボーイスカウト日本連盟の再発足後、全国的にボーイスカウト活動がさかんになってきました。流行に敏感な端島の人たちは、「端島にもボーイスカウトを」とのことで、昭和28年（1953）ボーイスカウト西彼第5隊・第6隊が結成され、結成式がおこなわれました。

世界的な組織をもつボーイスカウトの活動に島民は関心をもち、結成後の彼らのめざましい活躍に心から声援を送りました。

山神祭前日の自発的な島内清掃奉仕作業、当日の機敏な交通整理。島民のだれもがその行動に感心し、協力しました。毎年10月の長崎くんちにも動員されました。

消防団活動

・端島消防団の再編成（昭和32年）

消防学校に入校し、訓練を受けた

昭和32年の小・中学校の旧木造校舎が焼け落ちた大火の際、端島消防団だけでは消火できず、高島や対岸の野母半島からの応援でやっと鎮火させたことへの反省から、消防団の充実の必要性が認識され、高島町の消防団分団として再編成されました。大火以前の設備は手押しポンプなど旧式でしたが、消火栓は全島に敷設されていました。

私自身も入団し、冬の夜警や新年の高島での出初式《でぞめしき》や実際の消火活動に参加しました。

消防団では消防ポンプ担当になりました。ある消火活動中に、小型ガソリンポンプにガソリンを入れるのを忘れ、火を消す途中で水が止まってしまいました。ポンプが使えないので、筒先（ホースの先）担当の応援にいきました。放水した水が当たってはね返ったしぶきは熱湯で、思わず「アツッ！」といってしまうほどでした。

消防訓練や台風などの防災警戒などもおこな

いました。

・出初式（昭和35年）

昭和35年1月10日、高島町出初式に私ははじめて参加しました。学校火災のあと消防団が再編されたとき、坑外勤務者のなかから選抜され、端島消防団の一員として閉山までつとめました。定期の消防訓練、小型消防ポンプ、器具の手入れなど、端島を守るのだとつよい気もちで努力しました。台風時の警戒、年末警戒、さらに長崎県消防学校に1週間入校して実技訓練を受けました。昭和48年2月6日午前1時35分に出火した木造だての24号棟全焼火災のとき、私はさっそく出動、ポンプ運転・放水と日ごろの訓練がいかされました。「放水止め」の合図があるまで緊張しっぱなしで、終わるとほっとしました。

・24号棟の火事（消防団最後の出動）（昭和48年）

昭和48年（1973）2月6日、午前1時30分、泉福寺の裏にあった木造3階だての24号棟社宅が火事になりました。サイレンの音で飛びおきると消防室に急行、すばやくポンプ始動、消火と機敏に対応できました。全焼して、1名死亡。31号社宅が一部類焼の大火になりました。消防団としての最後の出動となりました。

第七章

端島の労働組合活動

戦後の炭鉱労働組合（昭和20年）

昭和20年（1945）8月15日、日本は敗戦によってすべてを失いました。工場も住宅も徹底的に破壊され、鉱工業生産は完全に止まりました。食糧不足も深刻で日本全土はまったくの飢餓状態にありました。敗戦によって戦争の恐怖から解放された国民を襲ったのは、食糧難とはげしいインフレーションでした。

9月に進駐してきた占領軍によって急激な民主化政策が推進され、労働組合は日本民主化の柱として奨励され、日本政府は12月に労働組合法を公布しました。占領軍の労働組合保護政策によって、戦後の労働運動は急激に発展しました。昭和20年末の国内全産業の組合員数は約38万人でしたが、翌昭和21年（1946）末には480万人となり、年を追って組織人員は増加の一途をたどりました。

労働組合は、本来、労働者の自主的な組織として政治的な権力や雇い主の妨害を克服しながら、労働者自身でつくりあげるものですが、戦後の大多数の労働組合は、占領軍の保護のもとに経営者からも便宜を供与されながら、同一事業所内の従業員で企業別につくられてきました。しかも、左翼労働組合主義の影響を多分に受けていたので、その後の日本の労働運動は統合と分裂の混乱をくりかえすこととなりました。

端島労組も結成当初より、企業別組織と産業別組織の間にはさまり、それにイデオロギーが介在して、せまい島のなかで運動の方向を求めて苦悩をつづけてきました。

終戦後、炭鉱労働組合の組織化はおどろくべきはやさで進み、昭和21年末までに結成された炭鉱組合数は499組合、組合員数は37万2365名でした。なお、端島坑閉山時(昭和48年6月現在)の全国の炭鉱労働組合員数は約3万5000名でした。

長崎県における炭鉱労働組合の結成は、戦前からの労働運動家であった今村等氏を会長とする、九州地方鉱山労働組合長崎県支部連合会の結成大会が最初でした。昭和21年4月、江迎町潜《えむかいちょうせん》竜《りゅう》で開かれ、端島もこれに加盟しました。

6月には九州の三菱系炭鉱、新入《しんにゅう》、方城《ほうじょう》、飯塚、上山田、鯰田、勝田、粕屋、崎戸、高島、端島労組による九州全三菱炭鉱労働組合連合会(九全連)の結成大会がおこなわれました。

7月には炭鉱の全国組織として、日本鉱山労働組合(〈日鉱〉会長今村等、223組合、組合員数15万1800名)が結成され、端島も加盟しました。これにより、端島は産業別には総同盟系の日鉱、企業別は九全連(端島労組以外は日本炭鉱労働組合〈炭労・総評系〉)に加盟し、ほかの労組とは異質な経験をしながら戦後の労働運動を闘いぬいてきました。

コラム　5

外国人労務者の帰国と労務者の補充（昭和20年）

朝鮮人労務者は輸送の関係から逐次送り出し、10月末までに全員を帰還させた。中国人労務者については関係方面と折衝を重ね、11月19日に進駐軍の誘導の下に夕顔丸で退島し、佐世保港よりアメリカ海軍上陸用舟艇に乗り継いで帰国の途についた。

端島坑の従業員数は20年8月の1600人が11月には594人となった。

政府は昭和20年10月「石炭生産緊急対策」を決定し、炭鉱労務者の緊急充足、炭鉱用食糧と生活必需物資の確保、賃金の適正化等を実施し、地方には臨時石炭増産本部を設置し、生産目標を各炭鉱に割りあてたので、会社は一転して労務者を募集。坑内、工場、社宅などの復旧作業を急ぎ、石炭増産に応えることになった。

当時は、復員者、戦災者、引揚者など職を失っていた者も多く、インフレや住宅、食糧不足による生活難が著しかった状況もあずかって多数の応募者があった。

こうして人員の充足に伴い、出炭も徐々に回復して、昭和21年度では高島・端島合わせて20万9500トンと、政府割当目標をほぼ達成することができた。

コラム 6

戦後の端島炭坑と傾斜生産方式（昭和20年〜23年）

昭和20年の出炭はわずかに高島11万5855トン、端島8万1845トン。しかし、明治14年（1881）3月創業以来の高島の出炭高は、累計1210万7470トン（端島累計970万7638トン）に達した。かつて三菱多角化のリーダーであり、また、組織、労務、技術の実験場であった高島砿業所はなおも生きつづけなければならなかった。

すでに戦争は終っていたが、同年10月には旧発電所の3000kw発電機も復旧、3000kw2台の並列運転となり、新発電所7000kw発電機も配電盤他の復旧を待って、12月から運転が再開された。ようやく電源も平常に復し、その間、坑内外の復旧作業も進んだ。

こうして昭和21年1月には、高島二子坑、端島坑とも、出炭を再開、戦後のわが国の復興に寄与することができたのである。

わが国の石炭産出高は、昭和21年11月以降ようやく月産200万トンの線に乗った。しかし、石炭不足の状況はまだ去らず、国民生活は重大な脅威を受けつつあったので、政府はついに昭和21年12月に「経済危機突破対策」を閣議決定し、同22年（1947）から、いわゆる「傾斜生産方式」を実施することになった。（「高島砿業誌」）

傾斜生産方式とは、戦後日本経済のたてなおしのためにとられた石炭、鉄鋼、化学肥料の増産を重点主義とする政策でとくに石炭は鉄鋼の原料、化学肥料生産の動力源としての重要性から増産に全力を傾注した。

各炭鉱に出炭目標を設定し、同時に炭鉱に対する鉄鋼、セメントなどの資材と生活物資の配給および炭坑向け融資を他産業に優先しておこなった。この結果、石炭生産はようやく軌道に乗り、昭和22年、実績もほぼ目標に近い2934万トンに達するまでになった。

昭和23年(1948)には、政府は石炭生産目標を3600万トンに引きあげ、同年4月1日炭鉱を国家管理の下に置こうとする臨時石炭鉱業管理法(3か年の時限立法)を施行した。

これは緊急措置として政府が石炭鉱業を臨時に管理し、政府、経営者および従業員が全力をあげて石炭の増産を達成することを目的とした。そして同年6月、高島砿業所はその指定炭鉱となり、割当目標のほか、高度に政府の管理を受け、資材、資金の重点配分のもと増産を義務づけられた。

端島労働組合、波乱の結成(昭和21年)

端島労働組合は昭和21年2月11日、元気よくうぶ声をあげました。当時は組合に対する知識もとぼしく、結成当時は理事制で運営しており、各職場から選出された理事の互選によって、初代理事長に永田健二郎氏を選出しました。

永田理事長は同年5月4日、はじめての労働協約を締結したあと辞任し、2代目理事長にはT氏が就任しました。

このころは全国的に敗戦後の食糧危機と物資不足に見まわれていました。炭鉱に対して米や物資の特別配給がおこなわれ、それが魅力で復員者や引揚者がぞくぞくと端島に入籍してきました。

この物資のとりあつかいをめぐって、T理事長の排斥運動がおこり、このときの組合総会は出席者の多くがT理事長を詰責し、T弾劾《だんがい》派と擁護派がふたつにわかれての抗争となりました。追いつめられたT擁護派が安全灯室占拠の動きを見せるなど、不穏な空気が流れて心配されましたが、T理事長の辞任によりようやく終止符をうち、端島労働組合初代組合長にM氏が就任しました。ところが、M組合長も組合員の期待を裏切り、就任後間もなく公金2万5000円を拐帯《かいたい》して逃走しました。

結成後わずか半年にして代表者がつぎつぎと交替、しかも1名は公金横領という端島労働組合史に不名誉な1ページを残すこととなり、前途多難を思わせるものがありましたが、その後態勢をたてなおし、組合の運営を民主化するとともに、同年9月9日にははじめての全島公選による組合長選挙を実施しました。

この選挙で永尾浩氏が組合長に当選し、その後10年間在任し、端島労働組合の基礎をつくりあげました。

端島手当（昭和23年）　前代未聞の要求

昭和21年以降、炭鉱労働組合の全国組織が統合と分裂をくりかえすなかで、結成以来、端島労組は上部組織としては日鉱に加盟していました。日鉱は中小炭鉱の加盟が多く、端島労組が唯一の大手資本の炭鉱であったので、他炭鉱から一目置かれる存在で、少なからぬ発言力をもっていました。

しかし、賃金交渉など通常の組合活動は炭労加盟の社内労組と同一歩調をとっていたので、組合活動は大きく制約され、組織問題へと発展していくことになりました。

組合結成以来、民主的労働運動の基本にたって、労使関係の近代化、労働条件の向上、福利厚生の充実を求めながら、よりよい職場と組合員家族の生活をささえてきました。そのなかで、とくに思い出に残る闘争を振り返ってみると、まず端島手当の要求があげられます。

端島は、社内のおなじ離島の高島、崎戸と比較して非常に悪い労働環境だったので、その差を埋めるべく端島手当を要求しました。ほかに例のない要求なので交渉は長期にわたりましたが、昭和23年(1948)9月、1日あたり25円で妥結しました。その後、端島手当とは別に、端島・高島・崎戸の三山による離島手当闘争に発展するところとなりました。

最初のストライキ

端島独自の問題で最初にストライキに入ったのは、昭和23年(1948)暮れの看護婦大量解雇反対闘争でした。当時会社は端島病院の合理化を理由に21名の看護婦にいきなり解雇を申しわたすという暴挙に出ました。これに対し組合は解雇撤回を要求して無期限ストライキに突入しました。

当時の組合青年部は美人の看護婦さんを先頭に、むしろ旗を押したてて会社にデモをかけるなど、おおいに気勢をあげましたが、ストライキは軍政部の勧告によりわずか1日で中止されました。当然のことながら会社も看護婦の解雇を撤回しました。

はじめての長期ストライキ（昭和24年）

端島労組が最初に経験した長期ストライキは、昭和24年（1949）5月4日よりはじまった九全連の21日間のストライキでした。この年はドッジプランによってインフレも終息気味となりましたが、そのかわりに不景気の嵐がふきまくり、鉱業連盟は実質的な賃下げを提案し、会社も責任原価制の堅持など企業の合理化を進めてきたので、組合は「企業整備反対、新賃金、光熱費問題」を指標とする長期ストを決行しました。

青年部を中心に物資販売、資金カンパのための楽団の地方演奏活動、農村でのアルバイトなどの生活対策を進め、組合の総力をあげてストにとりくみましたが、九州軍政部からスト中止勧告を受け、福岡石炭監督部が労使双方に新提案をおこない、5月24日妥結しました。

永尾県議の誕生（昭和26〜38年）

昭和26年（1953）4月、長崎県議会議員選挙に立候補した永尾浩組合長は端島労組一丸となっての猛運動と、おなじ日鉱の組織下にあった大島、伊王島労組などのつよい支持を得て、選挙戦を必死に闘い、西彼杵郡定員8名に対して23名の大量候補者があったなかで、地元高浜村（当時端島は高浜村所属）2071票、大島1475票、高島1666票、伊王島373票を基礎票に5961票を獲得し、第3位で初当選をはたしました。

この小さな島から県議会議員誕生！　組合員はあらためて団結の成果におどろき、「やればできる」の信念を確かめました。

永尾県議は社会党に籍をおいて当選しましたが、この年10月、中央の党大会でサンフランシスコ講和条約の承認をめぐり、社会党が左右両派に分裂したため、昭和30年（1955）4月の県議選挙には社会党右派から立候補し、地元高島町（当時端島は町村合併により高島町に編入）3047票、大島2152票、伊王島663票、香焼568票、合計7357票で6位当選、つづく34年にも三たび立候補し、社会党候補（社会党は昭和30年に統一され、鈴木―浅沼体制）として善戦、少数激戦のなかで8289票と得票をのばして、下位ながら3期目の栄冠に輝きました。

永尾組合長は組合関係者の信望があつく、比較的少人数組合の出身でありながら、長崎県地方労働委員会委員に任命され、昭和26年から3期連続して長崎県議会議員に当選し、端島労組の社会的地位を高めるとともに、後進の指導・育成に尽力しました。

そのあとの昭和38年（1963）には永尾浩氏はすでに組織をはなれ、東長崎を地盤に県議に立候補しましたが、次点に終わりました。端島坑閉山時には、全炭鉱から大島の鶴崎県議が議席を守って活躍していました。

全国組織（イデオロギー闘争）と企業別組合（経済闘争）のねじれ

戦後の炭鉱労働争議で特筆すべきものに昭和27年（1952）の賃金闘争における炭労の63日のストライキと、保安要員総引きあげがあげられます。

それまで端島は三菱炭鉱労働組合連合会（菱炭連）を通じて経済闘争をおこなってきましたが、菱炭連は端島以外の組合はすべて炭労加盟であったため、菱炭連で経済闘争をおこなうということは、結果的には炭労と共闘するということでした。たまたまこの年の菱炭連による破壊活動防止法反対闘争において、政治ストに反対する日鉱の方針により端島労組はこの闘争に参加しませんでした。このため、菱炭連より端島労組に対して統制処分の動きが出たので、端島労組はこれをいさぎよしとせず、昭和27年6月に菱炭連を脱退しました。

炭労は63日の長期ストを強行し、保安要員の総引きあげを指令、スト偏重に反対する常磐地方の炭鉱は炭労を脱退し、常磐地方炭鉱労働組合連合会(常炭連)を結成しました。

昭和29年(1954)4月に日鉱と常炭連が合同して全国石炭鉱業労働組合(全炭鉱)を結成し、端島労働組合も加盟しました。おなじ4月、菱炭連から脱退した端島労組は定期大会で菱炭連復帰を賛成票740で決定しました。産業別は全炭鉱、経済闘争は企業別組織を通じておこなうことになりました。

これは、経済闘争をおこなう企業別組織の重要度のほうが高く、当時の炭鉱大手八社の組合は端島をのぞき全部炭労に加盟していたためで、紆余曲折を経て、ふたたび菱炭連を通じて炭労と共闘することになりました。しかし、この変則的な組織のありかたがいつも組合活動の問題点となり、組合大会において強硬派と慎重派で大激論となり、混乱し、しばしば閉会が深夜になることがありました。

無期限部分ストライキとロックアウト(昭和30年～33年)

昭和30年から賃金闘争(賃闘)交渉でストライキに入ることが多くなりました。

昭和30年、昭和31年（1956）の賃金闘争は、炭労の指令で原炭搬出拒否の部分スト（竪坑ケージで揚炭作業のみを拒否する）で闘いました。昭和31年3月17日、竪坑ケージで揚炭作業のみを拒否する賃闘無期限部分ストに入り、それに対し、3月19日より会社はロックアウトで対抗。長期闘争に入り、4月2日に賃上げ20円で妥結したあとようやくロックアウト解除となりました。はじめてのロックアウトでした。会社が事業所に入れないように有刺鉄線を張りめぐらしたのにはおどろきました。

昭和32年（1957）も、3月に賃闘でスト突入が2回、昭和33年（1958）賃闘では3回ストに突入しました。三井、三菱（大夕張、高島、崎戸）、北炭住友が重点ストに突入し、ストに参加しない組合のストを実施する組合に対してのカンパ金が1人あたり計1万3911円と多額になったため、スト偏重への批判が高まりました。端島が全炭鉱加盟でありながら資本別を通じ、最後までせいせいと共闘したことに対する感謝の意味で、炭労はカンパ額を1人あたり4688円に減額することを決定しました。

12月、期末手当闘争における15日以降の無期限の原炭搬出拒否部分スト指令に対し、会社はロックアウトで対抗、この2回目のロックアウトに対し、組合は強制就労という新しい戦術で対抗しました。事業所のまわりは有刺鉄線で入れない、正門には会社幹部と下請組の人が何列にもならび、ひとりも入れさせないとスクラムを組んでいました。

見わたすと組合員のほうが多い。私は組合執行部の動きを見て行動しました。「いくぞ」、「いけ」、大声がして動きがはやくなるとうしろから押されるように門のなかに入っていきました。

こうして端島労組は会社の防衛網を突破して強制就労に成功しましたが、全国的には失敗に終わり、ストライキは1日で中止されました。

私にとって、日本の基幹産業労働者として炭鉱の近代化を求めていくには労使がもっと話しあって努力すべきではないか、闘争がすべてではない、と考えさせられた1日でした。

組織問題の解決へ（昭和33年～34年）

昭和33年9月、組合大会において、端島労組が全炭鉱加盟でありながら資本別を通じて炭労と共闘するという変則的な組織問題を解決するため、各労組の資料などを提供する活動を決定しました。私も、いつかこの組織問題は組合員が冷静に判断し、決着しなければならないと思っていました。

組合執行部はこの問題についてきわめて慎重な態度をとりました。炭労、全炭鉱などの上部組織や外部労組からのオルグの入島をさし止め、また労組内の炭労支持、全炭鉱支持の両派の活動分子の教宣をおさえて、島全体の空気を極力平静にたもち、「組織問題」を組合員の冷静な判断にゆだねようとしました。

組合執行部は組合内部で1年有余にわたる慎重な論議を経たのち、ようやく昭和34年（1959）2月に「理解と認識とで上部組織を選ぼう」と題する小冊子1～3集を組合員全員に配布しました。これらの小冊子には各種各層労組の組織の現状ならびに総評、同盟、炭労、全炭鉱の活動方針抜粋が収録され、組合執行部が出席して島内各地区ごとに輪読会を開催し、理解の徹底を期しました。

同年3月1日、「組織問題」に関する臨時組合大会を開催し、その席上で執行部は、全炭鉱を脱退して炭労に加盟するという「執行部見解」を発表し、最終決定は3月4日に無記名全員投票によりおこなうこととなりました。執行部は、投票までの間、島内の混乱と対立を避けるため、いっさいの教宣活動をひかえさせました。

投票の結果、投票総数1385（投票率93％）、全炭鉱加盟785、炭労加盟600となり、はげしく論議された組織問題は全炭鉱に残留することの決定で終止符を打ち、端島労組結成以来のイデオロギー闘争はしないという伝統は守られました。

組合員はよく考えて、自分の判断にしたがいました。この投票結果はのちの円滑な端島閉山にむすびつく重要な決定であったと、組合の歴史につよく銘記されるべきものでした。

私は、この端島炭坑は明治の人がつくり、大正の人が守った、そして昭和の人が育ててきたと思っています。あの原炭搬出拒否部分ストにたいし、会社はロックアウトで対抗し有刺鉄線を張りめぐらして入坑させない、それを突破する組合員。この小さな島で人間同志があい争うことはできない。戦前の炭坑ではないのだ。この端島を守り育てるのはこの島に住む私たちであることを自覚しました。

執行部はただちに総辞職し、4月3日改選を実施しました。組合長には全炭鉱中央執行委員であった久世法夫が就任し、全炭鉱支持色の強い執行部が誕生しました。新執行部は7月に菱炭連からの脱退について再度全員投票を実施した結果、賛成866、反対208、白紙90の圧倒的多

昭和47年労組定期大会で演説する千住組合長

数をもって脱退が決定し、組織問題は完全に解決しました。

とはいえ、組織問題については組合員の関心も高く、両派支持者の激烈な運動が険悪な空気のなかでおこなわれたことは事実でした。決定後も両派の対立は感情的なしこりとなり、役員選挙やそのほかの組合行事に少なからぬ影響をあたえました。

なお、このあと同年5月に副組合長の補充選挙をおこない、当時九全労執行委員であった千住繁が無投票で当選しました。千住副組合長は組合内部における炭労、全炭鉱両派の調整役および企業連の九全労との友好関係を維持するために適任と見られたからでした。

その後昭和40年(1965)に久世が退職すると、千住は組合長に就任し、組合は全炭鉱路線にそって、端島坑閉山まできわめて円滑に運営されました。

昭和48年労組大会で、活動方針を提案する多田書記長

第八章

端島坑の最盛期と衰退

ビルド坑としての生き残った端島

石炭業界の好景気は長くつづきませんでした。昭和28年（1953）を境に石炭産業は徐々に斜陽産業といわれるようになりました。

昭和30年（1955）、政府は、石炭が重油に対抗できないことは決定的であるとしつつも石炭鉱業の自立化は必要であるとして、有望炭鉱の合理化および機械化をすすめることで生産性の向上をはかることを期待して、石炭鉱業合理化臨時措置法を成立させ、それと並行して、石炭鉱業整備事業団を設立させ、非能率炭鉱の買収（および閉山誘導）を推進させるという、いわゆるスクラップ・アンド・ビルド政策を導入し、多くの炭鉱が閉山しましたが、それでも良質のビルド鉱とされた端島は生き残り、好況はなおもつづきました。

坑内の機械化（昭和31年）

私の職場、工作課の仕上工場は、昭和31年（1956）の9号台風で大きな被害を受けましたが、採炭の機械化や掘進の大型機械の修理に備え、工場を一部改修する復旧工事を実施し、それと並行してポンプ試運転場の坑内機械修理工場への転換もおこないました。そして私たちは、着炭の成功を祈りながら、三ツ瀬坑道と端島沖採炭坑道の掘進に使用するコンベヤー付大型ロッカーショベルを現場で組みたて、試運転をおこないました。

ロッカーショベルのほかに私が担当した坑内で使用する機械は、石炭を掘るドラムカッター、採炭後にボタを充填する機械である空気充填機でした。なかでも、ドラムカッターはより改良され、近代化された掘削機として閉山時まで活躍しました。

端島坑の展望（昭和30年代）

昭和30年代、端島坑の海底採掘は海面下820メートル付近を採炭し、いちばん深いところで海面下940メートルのところを掘進していました。炭層の賦存状況はわりあい安定し、1000メートル以下も変化はないものと推定され、将来性はおおいにあるといわれていました。しかし、深度が増すにつれて地熱による温度上昇とメタンガスの湧出量の増加や、運搬方法などが問題となるので、深度の比較的浅いところにある三ツ瀬区域において昭和36年（1961）から第四竪坑底レベル（海面下348・7メートル）より開発坑道の掘削を開始しました。また、より深度の深い炭層を探る端島沖探炭工事は昭和40年（1965）10月から第2竪坑底レベル（マイナス606メートル）から掘進を開始しました。もうひとつの上層開発は、昭和31年出水のため開発中止となりました。

自然発火（端島史上最大の事故）（昭和39年）

昭和39年（1964）8月、盆休み明けの17日、坑内災害事故の悲報が知らされると島のなかは重苦しい暗い気配につつまれました。

午前2時30分ころ、9片12尺層沿層坑道7～8目貫間に自然発火を発見。ただちに注水による直接消火作業をおこなって火源を局所におさえ込み、一応の安定を見ましたが、午後11時40分ごろ同箇所から突然ガス燃焼が発生し、注水消火作業中の坑務課長代理以下10名（のち1名死亡）が火傷を負いました。第2次変災などの危険が予想されたので、ただちに下部区域全員に対し退避命令が出され、負傷者の救出にあたり、全員が病院に収容されました。

直接消火は困難と見通されたので、8月18日2番方より土のうによる第1次密閉作業を開始し、19日午前1時ごろ払肩充填口、9片7目貫および8目貫の3箇所とも仮密閉を完了したので、引きつづいて第2次コンクリートブロック密閉準備作業中に、9片8目貫側の密閉箇所より白煙が生じ、さらに、7、8目貫仮密閉箇所の粘土による気密強化作業中の午後8時ごろ、同密閉を破るガス燃焼が発生し、21名が負傷しました。さらなる誘発のおそれもあったので、救護隊員および一部要員のみを残し、入坑者全員が退避し、午前1時までに全員昇坑しました。

会社は変災箇所の消火方法などについて検討を重ねましたが、不測の大事故を招きかねないと判断し、最後の手段として深部区域の水没が決定されました。そして、8月20日より29日まで臨時休業を実施し、この間注水作業を推進し、25日3時、火源は完全に水没して危険状態を脱しました。

自然発火事故後の人員整理

自然発火事故後間もない昭和39年8月27日、会社は組合に対し「今回水没させた深部区域は放棄し、今後は三ツ瀬開発に重点を置き、1年6ヵ月で出炭できるようにしたい。そのため1060名の在籍人員を400名減員し、高島、崎戸、古賀山、鯰田、美唄に配置転換したい」

と提案してきました。組合は臨時総会を開き、9月15日より団体交渉に入りましたが、労使交渉は平行線をたどったので、全炭鉱本部を入れて中央交渉がおこなわれた結果、人員確保は坑内直接夫440名、間接夫190名、計730名を目安とする、事業都合解雇を適用して特別加算をつけるなどを骨子とする内容で妥結しました。

端島の多くの人が転職のことを深く重く考え迷ったことでしょう。端島を出ようか、いやとどまろうか。仲間と話すことはその話ばかりでした。坑内事故がおそろしくなった人、退職加給金にひかれた人、炭鉱の将来に見切りをつけた人、また残る人も石炭がいつ出るのか不安でした。

結局、配置転換は高島に147名、古賀山に18名、美唄に2名、計167名となり、就職斡旋は当時東京オリンピック景気の余韻があって経済環境が良好であったことも幸いし、有力な企業に就職先が見つかり、きわめて順調におこなわれました。

終戦復員後端島坑の勤労課につとめ、島の女性と結婚してずっと島に住んでいた長男竹夫も人員整理に応じて千葉県に移住しました。

三ツ瀬区域の操業再開（昭和40年）

多くの仲間が島を去り、新しい人生に向かって再出発していきましたが、端島に残った506名は端島坑の再建にとり組み、大きな希望を三ツ瀬区域の開発にかけることになりました。三ツ瀬開発は予想以上の急ピッチで進み、昭和40年2月にははやくも四枚層に着炭しました。当初は昭和41年（1966）2月ごろ本格出炭の計画であったのが、盆すぎには採炭できる見通しとなり、

三ツ瀬区域での初採炭を祝ったⒷ

6月に入ると会社は三ツ瀬区域の本格操業に備えて、職場の統合および職場規律全般の合理化を提案してきました。これを受けた組合は提案を前向きに検討する姿勢を示し、また組合要求の福利厚生関係もあわせて協議し、約3ヵ月にわたる交渉の結果、8月12日、円満に解決し、三ツ瀬区域操業の骨格が確立されました。

9月13日から盤砥5尺層上段払で全面ピック採炭が開始され、9月20日から端島としてははじめての機械化ドラムカッターによる採炭が稼働しました。

出炭再開にあわせて坑内要員の募集を、当時閉山縮小過程にあった筑豊地区、北松浦地区などを中心に積極的に実施し、12月には在籍者は640名に増加し、出炭も3万トンを超す記録をつくり、昭和40年の暗い正月から一転して希望あふれる昭和41年の新春を迎えました。

会社は、三ツ瀬区域操業再開後は「新生端島坑」にふさわしいあかるい炭鉱づくりをめざし、緑なき島の緑化運動や、春の山神祭行事、夏の花火大会、各種芸能大会、中央から講師を招いた文化講演会、職場旅行などを定期的におこないました。また、会社経営によるコーヒーショップ（白水苑）、パチンコ店、ゲーム店なども開業しました。これらは娯楽施設がとぼしく、きびしい自然環境のなかで働く従業員のことを思ってのことでした。

甲種上級鉱山保安技術職員資格取得（昭和43年）

炭鉱には、鉱山労働者に対する危害を防止するとともに鉱害を防止し、鉱物資源の合理的開発をはかることを目的とする鉱山保安法がありました。そのなかで、保安技術職員としての国家試験があり、私は普通試験の機械係員と溶接係員の資格ははやくとっていましたが、閉山になったとき役だつかもしれないと思い、今度は上級試験を受験しました。鉱山保安法規、坑内保安、坑外保安、機械保安、電気保安、坑内防爆保安の6科目で、合格率は高いときで32％、低いときは18％の難関でしたが、昭和43年（1968）、甲種上級保安技術職員試験に合格しました。試験は福岡市内の高校で夏休みにありました。

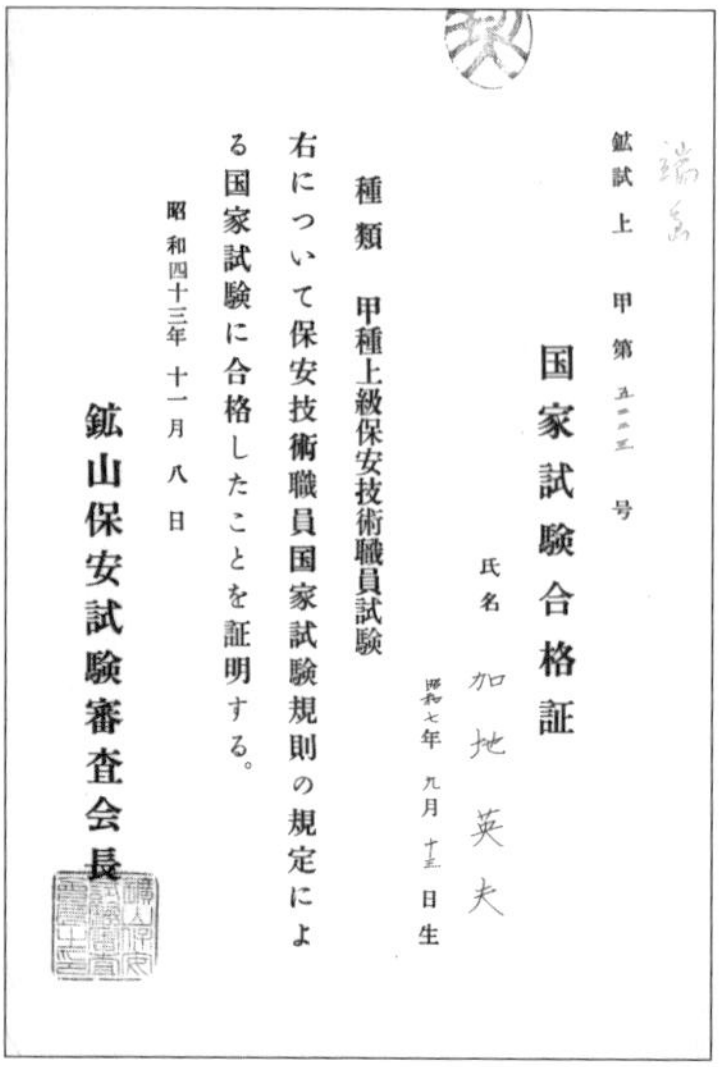
端島
鉱試上 甲第 五一一五 号

国家試験合格証

氏名 加地英夫
昭和七年 九月 十五 日生

種類 甲種上級保安技術職員試験

右について保安技術職員国家試験規則の規定による国家試験に合格したことを証明する。

昭和四十三年 十一月 八日

鉱山保安試験審査会長

国家試験合格証

三ツ瀬区域移行後の採炭現場の変化（昭和40年～48年）　最新の採炭方式の導入

昭和40年（1965）の三ツ瀬区域移行後、いままでの採炭方式をすべて変えて、鉄柱、カッペおよびドラムカッターなどによる新方式をとりいれましたが、はじめは不慣れなうえ、採掘現場の変化などもあったため、その機能を十分に発揮することはできませんでした。

そののち、上1片に払が移るに連れて、払長150メートルの亀3尺層で自然条件にめぐまれたこともあって、昭和40年12月、端島開坑以来の月産3万5000トン、能率55・9トン／人という快記録が樹立されました。

昭和40年から閉山までの出炭、人員、能率の推移は次のとおりです。

年度	出炭	人員		能率（トン/人・月）
		職員	鉱員	
40	176,000	77	600	(47.8) 24.5
41	327,500	79	625	43.6
42	269,700	85	663	33.7
43	319,300	87	646	41.2
44	310,495	84	590	43.8
45	277,901	78	534	43.4
46	296,517	72	518	47.7
47	350,120	64	499	58.5
48	221,575	355		52.0

注 40年度は生産再開後（下期）能率
49年1月は撤収作業のみをおこなった。

表のとおり労使一体となって最後まで整然と計画出炭量を確保しました。またその間、昭和47年（1972）3月には、切羽が好調で月産3万2837トン、能率64・5トン／人・月と開坑以来最高の数字を達成しました。

石炭から石油へのエネルギー源のシフト

石炭から石油へのエネルギー源のシフトは着実に進み、*第一次エネルギー供給源のなかの国内炭と石油の比率の推移は、昭和30年度には石炭43・5％、石油17・6％、昭和40年度には国内炭19・5％、石油59・6％と逆転し、昭和45年度には国内炭7・8％、石油71・9％と石炭産業の急激な縮小をしめしています。この結果、昭和39年から昭和40年には非能率炭鉱125炭鉱が閉山、さらに昭和44年から昭和46年（1971）には100炭鉱が閉山と炭鉱の将来はますますきびしくなっていきました。

＊自然から採取されたままの物質を源としたエネルギー。石炭・石油・天然ガス・水力・原子力など。

端島のなかのエネルギー革命（重油ボイラーの設置）（昭和41年）

昭和41年、会社はいままで石炭汽缶《きかん》での蒸気を使用して島のすべての浴場や、寮の炊事、病院等の施設に利用していましたが、それを止めて重油ボイラーを設置しました。合理化とはいえ、端島開坑以来自分たちが掘り出した石炭をやめ、かわりに重油を買って使うのです。高い煙突からはき出す煙は軍艦島のシンボルのひとつでしたが、いつの間にか65号棟の屋上の高さになりま

月産35000トン出炭達成（昭和40年）の記念写真Ⓑ

した。

まさに目のまえでエネルギー革命が起きたのでした。日本経済の急激な成長は一方ではエネルギー需要の拡大を引き起こしましたが、他方、技術革新によるエネルギー構造の変化を招きました。とくに貿易自由化後は石油が石炭にかわって拡大したエネルギー需要を充足していったのです。私はエネルギー革命が自分の足もとに来たと思いました。石炭は石油に対抗できないことは決定的でした。そして、自由化によって安価に輸入できる外国の原料炭に対して端島坑はいつまでもつだろうかと思いました。

三菱鉱業株式会社からの分離（昭和44年）

昭和44年（1969）5月16日、会社（三菱鉱業株式会社）は、臨時中央経営協議会において、全国の石炭会社に先駆けて、石炭部門の分離を提案してきました。これに対し組合は、企業整備反対共闘会議（企反共闘会議）を設け、会社提案に対処することにしました。しかしながら、この会社提案が政府の新石炭政策にもとづく自律安定の線に沿った独立提案であるため、これを全面的に否定できない事態にあり、端島は原則的には、企反共闘会議の決定どおり反対の態度をとりましたが、結果的には共闘会議も条件をつけて会社提案を受け入れる解決となりました。

とくに端島は鉱命の時期を明確にさせたいとの意図から、探炭の促進と確認、独立した場合の最悪の事態に備え、従来三菱鉱業がおこなってきた閉山条件を、親会社（三菱鉱業）に保障させるなどの約束をとりつけ、7月14日に分離闘争に関する調印を終えました。岩間社長を中心に三菱高島炭礦株式会社が誕生し、同年10月1日より発足しました。

新会社発足を記念して、全従業員に記念品（紅白の餅、タオル、缶ビール）が配られ、10月26日（日）には県立野母崎《のもざき》亜熱帯植物園への全島民慰安遠足会がおこなわれました。

天候に恵まれ、まったく絶好の遠足日和で、参加者約500人はのどかな一日をすごしました。ふかぶかとしたみごとな芝生で遊ぶ子どもたちは、無心で芝生をころげまわっていました。「端島にもこんな芝生があればねー」とおかあさんたちが話していました。私も娘を連れて参加しました。

新会社発足にあたり、島内では種々流言がとびかい、島民の間には動揺があったのでしょう。会社をやめる人が多いようでした。

ますます増える残業

新会社発足後、私たち工作課の仕事は、予想どおり日曜出勤も含む残業時間が100時間を超えるほど忙しくなりました。人員の減少もありましたが、ドラムカッターや空気充填機など坑内の機械の修理によるものでした。しかし、この多忙な作業のなかでも気になっていたことは、端島沖探炭工事のことでした。

10月22日と24日には四坑捲のロープ（直径32ミリメートル、長さ488メートル）の取替作業がありました。二坑捲のロープは2〜3年間隔で必ず新品ととりかえていましたが、四坑捲のロープ取替はめずらしいことでした。

端島沖探炭（開発）工事の中止（昭和45年）

昭和39年8月、突如発生したガス爆発事故のため、深部区域を水没させた端島坑は新鉱区として三ツ瀬区域を採炭し、順調に計画出炭をつづけていました。会社の発表では、端島坑の長期操業対策として、端島沖区域の探炭を促進して将来の稼業区域を確保する努力をつづけてきました。昭和35年（1960）から地震探査、海底露岩地区の潜水調査などをおこない、昭和40年、探炭坑道の掘進に着工し、*本坑道704メートル、*連坑道720メートルまで掘り進んでいましたが、昭和43年10月から端島沖で海上ボーリングを実施して調査した結果、炭層は当初の予想より深部にあり、現在の技術では採掘不可能との結論に達し、開発途中ではありましたが、昭和45年3月28日、会社は組合に対し、開発工事の中止を申入れてきたのです。

全端島島民にとって、青天の霹靂《へきれき》でした。事態を重視した組合は、千住組合長が上京し、全炭鉱本部と協議した結果、会社側の申入れを確認するため、松下久道九州大学教授、兼重修熊本大学教授を中心とする全炭鉱調査団を編成し、端島沖区域の調査にあたるとともに、当面の採掘区域である三ツ瀬区域の可採炭量の調査などもあわせて実施しました。

しかし、全炭鉱調査団の調査結果は会社の発表に誤りのないことを証明することになりました。当時の石炭業界の動向は経済成長にともない、原料炭の需要が高まり、各炭鉱は増産体制に入っていました。良質炭を出している端島はつねに貯炭が底をついている状態でした。

このようなときに全島民の期待を集め、端島坑100年の夢をかけていた端島沖開発中止の発表は島民に深いショックをあたえました。そして、三ツ瀬区域の採掘はいつまでだろうかということが大きな問題になってきました。

＊坑道をつくる際は必ず、本坑道、連坑道の２本掘る。

端島沖探炭（開発）工事中止への労働組合の対策

昭和45年3月28日の会社側による端島沖探炭（開発）工事中止の申入れを確認するため、松下久道九州大学教授、兼重修熊本大学教授を中心に編成された全炭鉱調査団の調査結果は会社の発表に誤りのないことを証明することになりました。

組合は、端島の鉱命におのずと限界が見通せる状況となったいま、現状ですら困難である労働力の確保がこれから重大な問題になってくるだろうとの見解にたって、会社に対し、具体的な操業について組合の要求を掲げ、端島沖開発中止にともなう諸要求闘争としてとりくみました。

組合は、6月28日に総会を開催、7月1日、会社に対し要求書を提出。交渉は難航に難航をかさね、9月14日に第一波ストに突入、17日に予定された第二波スト寸前に解決することになりました。

この闘争で、福利資金8万円、閉山の予告閉山時退職条件の保証、臨時員の退職制度の獲得など組合の要求を通すことができました。

コラム　7

閉山時の千住組合長へのインタビュー

「3年前の端島沖炭層の開発中止のとき、こんどの閉山が決まったも同然ですたい。そのころは三ツ瀬区域の出炭は順調だったし、そのうえ端島沖が開発されたら、これはもう無尽蔵、みんな意気盛んでしたよ。それが開発不可能だというんだから、前途ようようたる鉱命が一夜にしてアガリヤマになったわけさ」

会社は端島沖開発の中止を組合に提出。

「すぐ組合の臨時総会を開いた。組合員はもちろん、奥さん達も集まり、会場はいっぱい。一言も聞きのがすまいと耳を傾けて、おそろしいような静かさだった」

「組合員の動揺を抑えるのに必死だった。まだ三ツ瀬がある、あと200万トン掘れる。6、7年はもつ。みんなの退職条件や労働条件も、会社にかけあって悪いようにはしない——とね。

実は、親会社の三菱鉱業セメントから分離したとき、当時の社長から退職条件などについては善処する、という約束をとりつけてあった。それを振りかざして、組合員をかきくどいた。島に残って最後まで働いてくれ、とね。

組合長も残るか、と問われて、私も決意表明したよ。最後まで面倒みるから、私にまかせてくれ、って」

組合は松下九大教授らに端島沖炭層の調査を依頼した。

「他のヤマがつぎつぎにつぶれていく。うちはあと数年はもつのだから、とあきらめもついた。さっそく会社に要求書をつきつけた。先行きの見えたヤマで働くんだから、それに見合うだけの待遇をしろ、とね。島に残る鉱員に10万円ずつ出せ、というのだから、前例のない要求さ。全炭鉱の幹部もあきれたぐらいで、交渉は難航した。

うちの組合はイデオロギー闘争はせんが、経済要求ではがんばる。24時間ストまで打ったよ。これで組合員に顔むけができると、ほっとした」

「今年1月の閉山条件も、最高の条件を取りつけた。それが会社に協力してきた組合員を遇する道ですよ。親子3代、このヤマで働いてきた人もいるのだから。私だって青春時代をここで過ごした。組合長として最後の仕事に追われて、感傷にひたっているひまもないがね。身のふり方にしろ、みんなを送り出して、それからですたい」

（「聞き書き――軍艦島」朝日新聞西部本社開発課編集　長崎県朝日会発行）

組合の縮小（昭和46年）

定年退職者や端島沖開発中止の発表以降の自主退職者の増加により組合員は大きく減少しました。これにともない、昭和46年3月16日、組合執行部は副組合長を廃止し、5人体制となりました。

新執行部は、組合長　千住繁、書記長　多田智博、教宣部長　小宮実、労働部長　江浦武、生産部長　西山和男の5名でした。

端島労働組合結成25周年

昭和46年5月1日、第42回メーデーとあわせて、端島労働組合結成25周年記念式典が挙行されました。会場の体育館には組合員約５００人が出席しました。

終わりつつある石炭産業の時代

昭和46年は国の内外情勢とも変化の多い年でした。ドルショックによる経済事情の悪化による鉄鋼の大幅な生産ダウンは国内原料炭に大きな影響をもたらしました。

公害問題によって硫黄分の規制が厳格になり、電力用炭使用も激減し、それがおもな原因となり、大手炭鉱である、日炭（日本炭礦株式会社）、盤城（常盤炭礦株式会社）、茨城（常盤炭礦株式会社）が相ついで閉山、原料炭山である住友石炭鉱業の経営破たんと石炭産業は崩壊しつつありました。

端島もなんとなくさびしくなっていくようでした。

永年勤続者表彰（昭和47年）

昭和47年４月23日、永年勤続者表彰が職員クラブでおこなわれ、私は20年の表彰を受けました。表彰自体は誇らしいことですが、30年、40年の表彰はないのだなと思うと、よろこびも半減しました。

砿命問題報告大会

昭和47年11月25日、組合は砿命問題について報告大会を開き、組合独自の見解として、昭和49年（１９７４）１月を中心にその前後が閉山の時期になると発表しました。

永年勤続者表彰Ⓑ

そのころまで残っていた組合員には端島沖炭層の開発中止が発表されたときから、遠くないうちに閉山するという覚悟はできていましたが、いざ閉山予定時期が具体的になるとやはり落ちつかなくなりました。組合がどれだけいい退職条件をとりつけるか、みな祈るような気もちになりました。

覚悟の初詣《はつもうで》（昭和48年）

昭和48年（1973）元旦、一家4人で端島神社に初詣にいきました。私は、端島も今年が最後になるだろうと覚悟してこれから先のことを考えました。

教師をしている妻や、長崎から動きたくないといっていた両親には県内に再就職するから心配しないようにとあらためて話しました。

なぜあらためてこのようなことを話したかというとつぎのようなことがあったからです。

労働組合による硫命問題報告大会Ⓒ

昨年の11月末、外勤係長が私の家を訪ねてきて、三菱セメント（親会社）へ就職を斡旋するから明日11時に事務所に来るようにといわれました。突然のことでおどろきました。私が甲種上級鉱山保安技術職員資格を取得していたからでしょう。以前から職員にならないかと再三打診されていました。あくる日、事務所で部長から「君を三菱セメントの職員として斡旋したい」と正式にいわれました。私は昨夜から考えていたこと、妻の仕事や両親のことを話し、「私は単身赴任をすることはできません」といって、お断りしました。

組合による就職面談の実施

硫命報告大会翌年の昭和48年2月12日から、組合は、端島が閉山となった際の参考資料にするために組合員全員との面接を開始し、5月14日に終了しました。この資料をもとにその後の就職先のあっせんがおこなわれました。

姪の来島

昭和48年5月、千葉県から姪の綾子がひとりできました。兄竹夫が昭和39年に千葉県の会社に転職後苦労したことを聞き、端島がいかにくらしやすいかがよくわかりました。最後まで残る決意が深まりました。

山口県防府市に住んでいた長姉君子、長崎市に住んでいた次姉光子も来島し、父母を交え、語らいました。

端島坑の閉山について労働組合に提案

組合は6月2日の昭和48年度上期経営協議会において閉山時期について明確な発表をおこなうよう会社に要求したが、会社は諸般の事情ということで発表をこばみました。

昭和48年9月7日にようやく、端島坑の閉山を昭和49年1月中におこなうことについて岩間社長より正式に提案がなされました。会社より閉山通告を受けた組合は、委員会を開き、会社の提案に対し、その時期については諸般の事情から受けざるをえないので、条件闘争に入って組合の要求をつらぬくことを確認しました。9月16日、組合大会が開催され、延々6時間におよぶ慎重な審議の結果、執行部提案を確認し、条件の要求書の内容についてもそのまま満場一致で決定されました。

9月17日からはじまった団体交渉は中央での交渉までいき、社長への直談判までおこなったが妥結せず、難航した交渉は、10月3日、10月12日正午までの期限付き回答の要求とそれに不満の場合は13日一番方よりの無期限ストに突入するという状況下でおこなわれた大槻木社社長との最終のトップ会談により平和的に解決し、端島労働組合最後の闘争は終わりました。

閉山半年前から離島まで（昭和48年末～昭和49年3月）

・閉山準備に休日出勤をくりかえす

昭和48年は閉山までせわしない動きがありました。日記風に当時のもようをふりかえってみます。

9月7日　端島の閉山について会社から労働組合への正式提案がありました。それを受けて、9月10日、労働組合では閉山問題の委員会が開かれ、ここでは、退職条件、閉山後の就職活動などについて話しあわれました。9月16日には組合大会が開催され、執行部案が承認され、原案通り決定となりました。9月18日には組合員全員による投票がおこなわれ、組合が集約する三権委任（交渉権、ストライキ権、妥結権）が承認されました。

このようなときでも、石炭は掘り出されつづけていたので、機械のメインテナンスは、たいせつな工作課の仕事として継続しなくてはいけません。平日は機械が稼働しつづけていて、止めるわけにはいかないため、どうしても機械が止まっている休日に出勤しておこなわざるをえませんでした。休日出勤の日記をひろうと、つぎのようなメモがありました。

・10月21日（日）公休（日曜）出勤し、選炭機の給炭No・1チェインホイール取替、No・3逆転防止取替。
・10月28日（日）チップラー（炭車をひっくり返す機械）のローラー受けの取替。
・11月4日（日）ボタベルト・テンションプーリー・ベアリング取替作業。この日は会社最後の行事である時津でのみかん狩りがおこなわれたが参加できず。
・11月11日（日）原炭テールプーリー取替。この日、石井工作課長宅で忘年会。大場元工作課長、三戸（職員）、有田（職員）来る。
・11月18日（日）ボタBE（バケット・エレベータ）タンプラー取替。
・12月2日（日）坑口チップラー駆動軸メタルのグリース入替。
・12月9日（日）水洗機フィーダーチェーンホイール取替。
・12月12日（水）撤収作業がはじまり、工作課の仕上工場は坑内外のすべてのモーターの倉庫になってしまった。
・12月16日（日）20トンクレーン、シーブブッシュ入替
・12月23日（日）最後の公休出勤。ボタ給炭No・3テールプーリー取替
・12月25日（火）仕上工場内の片づけ終わる。

年末までのほとんどの日曜日が出勤であったことになります。12月12日は平日ではあったものの、徹夜で工場内のすべてのモーターを倉庫に収納しています。閉山にむけての撤収のための仕事も工作課にとっては重要でした。

閉山間際の仕上鍛冶班による記念写真

・家族も離島準備に追われる

閉山による再就職や家族の離島準備もいろいろありました。

作業が少なくなり、暇になってくると、閉山のことを考え、落ちつかず、退職金を計算してみたりしています。370万円ぐらいかな？と試算していたのですが、実際には400万円を超えていました。

昭和48年10月26日には、詰所（総務課の島内出張所。3ヵ所あった）で、就職についての面接を受けました。大阪の2カ所を紹介されましたが保留にして回答はしませんでした。11月13日、工作課の石井課長と就職の件で面談しています。このとき、長崎のポンプ会社を紹介されました。

12月6日、失業保険の手つづきのための離職票とそのほかの申請書を詰所に提出しました。12月26日には組合長に呼び出され、就職のことを聞かれました。全炭鉱中央執行委員をしていた姉（四女）知枝子と結婚した義兄平川が心配して頼んでくれていたのではないかと思っています。（姉は大分県出身の寮生で端島労組執行委員をしていた平川と結婚したあと、夫の全炭鉱中央執行委員選出にともない東京都に移転）

12月28日には厚生年金手帳、そのほかの書類を受けとりました。

このころ、小学校5年生の娘は、遠足の帰りの船で端島一周してきたことを話していました。島を巡りながら別れが近いことを惜しんだかもしれません。休日には、時津でのみかん狩りがおこなわれたのですが、休日出勤日だったので参加できず、家族サービスもおろそかでした。

閉山で島を離れる選択肢のひとつに、小学校の教師をしていた妻は生まれ故郷の島根にもどることも考えていました。もし、教師の働き口が見つかれば一家で島根移住することも真剣に考えていました。

11月10日には妻が島根にもどる場合に備え、島根教育委員会から転入書類をとりよせています。妻の再就職口を調べるために、11月14日から17日まで休暇をとって妻と島根県へ出かけました。島根県庁などをまわって情報収集しました。しかし、すでに時期を失していて、すぐには転勤が困難であることがわかりました。

冬の季節風がつよく吹き、端島には閉山の風がひしひしと迫る思いでした。そんななかでも、年中行事である消防団の年末警戒活動を12月30日に例年のようにおこないました。

第九章

閉山とその後の日々

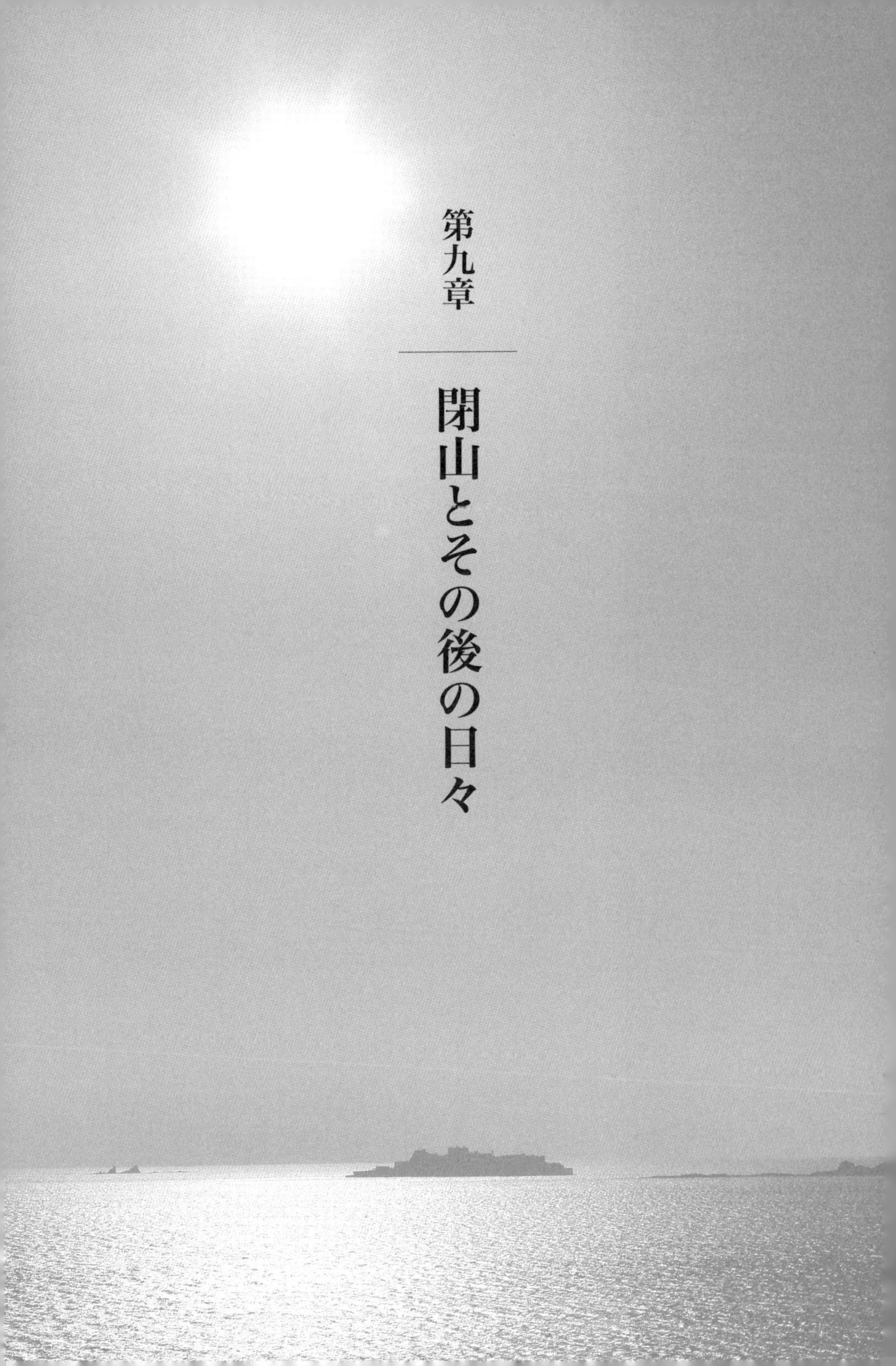

これからの就職活動を思う（昭和49年）

昭和49年（1974）1月1日、新たな1年のはじまりですが、閉山まであと半月、端島が無人島になるまであと4ヵ月あまりです。これからの就職活動について不安、焦り、いろいろ思うところがあり、新年のよろこびを感じる余裕はありませんでした。それでも初詣には例年どおりいきました。

元旦以降島を去るまでのできごとについては、当時つけていた日誌風メモによることにします。

1月〜3月のできごとのうち、会社関係のものは、1月4日からの仕上工場の撤収作業の開始と1月15日の体育館での閉山式および組合解散大会だけです。ほとんどが再就職活動と私の今後を心配して来てくれる人や島に別れを告げにやってくる人たち、そして島を去っていく人たちのことです。

三が日の間は、いく先を心配して姉弟が会いに来てくれたり、友人の家に集まり、これからのことなどを話したりしていました。

就職活動に神経をすり減らした日々

1月7日、13時から体育館での職安の説明会へいき、翌8日は公民館で13時から職安の面接を受けました。上級保安技術職員の資格があるので、面接担当者から「いい資格をもっていますね。もったいないですよ。まだ操業している炭鉱はありますから」といわれました。1月10日は公民館で18時から雇用促進事業団（炭鉱離職者の再就職支援をおこなう）の移住資金の説明を聞きにいきました。再就職活動の開始です。

このころから再就職先が決まるまでの約1ヵ月間は、だまっていたら置いていかれるという思いにさいなまれ、つねに動いていないと不安でたまらず、神経を張りつめ、少しでもいい条件の再就職先をと情報収集を心がけていたため、なんともいえぬピリピリとした緊張感のなかですごしました。

1月11日には長崎市の三菱銀行へ退職金用の口座の開設にいき、1月12日は端島支所で印鑑証明を3通とり、1月16日には市営アパートの申し込みをしました。

その間の1月15日に、閉山式が体育館でおこなわれました。そのようすはNHKの全国版ニュースで放送されました。盛大なお別れ会でもあるかと思っていましたが、なにもなく静かに終わりました。

1月17日には端島駐在の職業安定所で面接や書類チェック、県外の求人資料を調べました。その日、向かいの家に住んでいた脇さんが離島するのを見送りました。このころから島の岸壁は、急いで島を出ていく人たちと島をなつかしみ、最後の来島をする人たちとでごった返しの状態がつづきました。

いまも旧アパート群に生活物資が残されたままになっていることが話題になりますが、子どもの学校のことなどでともかく急いで就職を決めて出ていった人たちが多かったので、置きっぱなしになってしまったのだと思います。

1月18日、国民保険料を納めて保険証をもらいました。失業したという実感がわいてきます。

1月20日には組合解散大会が開催され、出席しました。大会のため来島されていた三菱石炭鉱業株式会社（前年の昭和48年12月15日に三菱大夕張炭礦と合併）の岩間社長にあいさつして別れました。

岩間社長夫妻は、子どものころ住んでいた船頭長屋のとなりの25号棟に住んでいた東京から転勤してきたエリート社員夫婦で、奥さんは、あのくさっていると大さわぎした東京みやげの納豆をくださった方です。とくに母は奥さんとなかがよく、転勤して端島を離れられたあとも、夫妻が飯塚にいたとき姉をお手伝いさんとして呼んでくださるなど交流がつづき、ご夫婦とも来島時によく父母のもとを訪ねてくださいました。

65号棟6階に住んでいたとき、奥さんが男の子（息子）を連れて訪ねてきました。母と奥さんは思い出話に夢中でしたから、私は男の子に本を読んでやったりして遊び相手になりました。気がつくと午後9時をすぎていました。二人が帰るとき、その子をおんぶして社宅まで送りました。

1月22日、県の求人説明会が体育館であり、長崎市内の林兼、S工業、SS社などに興味をもちましたが、給料は8万前後で、端島の10万よりかなり低かったです。1月23日、11時からは県外の組合推薦の会社の紹介があり、そのあと13時から職安で失業の認定を受けました。1月24日、三菱銀行の人が来て、就職先紹介のための履歴書をわたしました。1月25日、林兼造船所を見学しました。

1月27日、千葉へ転勤する松本夫婦（義兄・姉）を見送りに長崎駅にいきました。三女である姉信子は島在住の義兄と結婚して結婚後も島に残りました。二人とも生まれてはじめて島を離れるので、だいじょうぶだろうかと思いながら見送りました。

1月28日、県外の求人、広島のS工作所のK人事部長と面談しました。私の場合、上級鉱山保安技術職員の資格をもっていたので、県外の企業からも声がかかりました。資格をとっていてよかったとつくづく思いました。S工業（長崎）は営業でよいとのことで、履歴書をわたしました。

1月29日、父母を取材にきた朝日ジャーナル豊田記者と話しました。豊田記者は弟の山口勇の再就職までの道のりを密着取材していました。弟の記事は朝日ジャーナル昭和49年5月17日号に「ああ軍艦島——ある労働者の転職」として掲載されました。

1月30日、退職金が支給されました。87万円を受けとり、残りは銀行に預けました。

林兼造船への就職決定

2月1日、長崎バス本社で面接を受けました。整備士の訓練終了後の採用との条件でした。いつになるかわからないので候補からはずしました。

2月4日、林兼造船で面接を受けました。2月5日、職安で1回目の失業の認定を受けました。失業保険の給付金が入ります。2月6日、林兼より不採用者の指名がありました。名前がないのを確認してほっとしました。

2月10日、林兼より採用通知がきました。おなじ日に、心配して島根からようすを見に来ていた花代叔母を見送りました。採用通知が来たので、おたがいに安心して別れることができました。

2月11日、小学校から高校までの同級生で本社の子会社で採用担当をしていた渡辺が来島しました。離職者の採用にきたのですが、大企業からの求人が目白押し（特に若年者）の売り手市場だっ

林兼造船所で建造中の8万トンの船(昭和49年)

林兼造船所で進水するコンテナ船
(昭和52年、林兼造船社内報より)

ため、ひとりも採用できずに帰りました。私も誘われましたが、長崎を離れるつもりはなかったので断りました。

2月12日9時、組合に林兼造船に就職が決まったことを報告にいきました。そのあと、雇用促進事業団と雇用促進住宅(事業団アパート)入居についての打合せがありました。

2月14日、林兼への就職は決まったものの、かねてから三菱銀行が紹介していたSS会社で面接、打合せすることになり、翌2月15日、三菱銀行T氏と同社を見学。林兼がよいと思いました。

2月17日、千住組合長宅へいき、林兼に決める旨報告しました。2月18日、午前中職業安定所で再就職関係の手つづきをしました。林兼に就職するのは、山田、瀬古、川崎、汐池、私も入れて5名でした。この5人はおなじ事業団アパートに入居することになりました。詰所で荷物発送通知書をもらい、島を出る準備がはじまりました。

2月21日、長崎市深堀へいき、事業団と最終確認して移住申請書を提出しました。事業団アパートに住むことが決まりました。2月22日、布団をつつみ、瀬古の荷物といっしょに事業団アパートへ送りました。

2月26日(火)支所へいき転出証明をとりました。この日端島小中学校では小学校の卒業式でした。朝から雪が降るきびしい寒さのなか5年生の娘はりっぱに送辞を述べたとのことでした。

2月28日、事業団アパートでの独りぐらしがはじまりました。荷物はあまりなく、がらんとしていて、さびしさがよりつのります。アパートは6畳・4畳半の部屋に台所、水洗便所、ガス風呂、ベランダ付で、家賃6400円敷金2ヵ月でした。一般の賃貸住宅の家賃と比べれば安いでしょうが、ほとんどただのような端島の家賃からすると大きな出費でした。

長崎での生活のはじまり

3月1日(金)8時に端島からの再就職者5名は林兼造船所へ集合し、辞令を受けとりました。その日は端島に帰り、20時20分に島につきました。3月2日(土)、土井首支所へいき、長崎市への転入書類を提出しました。再び端島へ帰島し、15時20分に到着しました。

3月4日(月)、滋賀県へ移住する弟、山口勇一家を見送りに長崎駅へいきました。端島にもどってからずっと近くに住んでいた弟とも姉とも離れ離れになってしまいました。これからなれない土地でくらしていく弟一家の苦労を思い、せつなくなりました。

3月5日(火)林兼で一日じゅう電気溶接の学科を受けました。3月10日と3月17日の日曜日は端島へ帰り、家族とすごし、家族の引っこし荷物の整理などをおこないました。

3月21日(木)の春分の日は高島へ転居した父母に会いに行きました。

メモはこの日で終わっています。長崎での新生活がはじまり、落ちついてきたので、書くのをやめたのだと思います。こうして、メモを残しはじめてからの閉山を中心とした私のあわただしい半年は終わりました。とても密度の濃い、忘れがたい半年でした。

家族そろっての長崎での生活

教員をしていた妻は、同僚がつぎつぎと転任していくなか、担任していた児童全員を見送ったあとの3月29日、私も端島にいき、残った荷物をまとめ、家族4人で16時50分発の野母商船で端島を離れました。最後の別れでした。

妻は長崎市に転任が決まりました。

事業団アパートは4月中旬までしかいられなかったので、つぎの家をさがさなくてはなりませんでした。4月に妻が来てから、妻の知人の紹介で林兼造船に近い土井首《どいのくび》町の一軒家を借りることになりました。はじめての庭付きの一軒家での生活でした。庭の雑草とりも楽しくてたまらず、いろいろな草花を植えました。

娘は土井首小学校の6年に転入しました。

妻は深堀や土井首近くの勤務地を希望していましたが、最初の1年は茂木の大崎小学校に配属されました。その後、深堀小学校、南陽小学校、土井首小学校と移り、最後に戸町小学校で教職を終えました。

出雲への思い

島根の妻の実家はともかく古い家で、墓が33くらいあり、お寺(曹洞宗)から「加地さん、今年は二百五十年忌ですよ」といってくるほどです。このような事情があり、出雲に帰らなくてはと思いながらも、家庭の事情でずるずると長崎にいついてしまいました。出雲と比べて長崎はくらしやすいです。気候的にも。食べ物もおいしいし。それでも最初のころは毎年出雲に戻っていました。

私自身は出雲の墓に入ろうかと思っています。すでに自分の名前で出雲に墓を建立しました。林兼をやめたとき、島根に帰るかどうかを悩みました。家はそのままだし、親戚も多いし。帰るつもりでいましたが、ひとり娘が長崎市役所に就職したので、長崎にとどまりました。

ひとり娘と家族

娘は土井首小学校を卒業後、土井首中学校、長崎南高、九州大学へ進学、卒業し、長崎市役所につとめ、熊本出身の三菱重工でプラント関係の仕事をしている人と結婚し、子どもも生まれました。ふたりとも仕事をしているうえ、夫は海外赴任で家をあけることも多かったため、結局、3世代同居となり、子ども(孫)の世話はじじ、ばばがすることになりました。孫は男の子ふたりで、ふたりとも青雲中・高卒業後、東京大学へ進学しました。

両親と端島

父は定年後も端島に残り、昭和39年(1964)ごろ大量の退職者が出、部屋があいたので、父母ふたりで、65号棟7階に1部屋もらいくらしました。父母とも端島が大好きで、ずっとくらしたいといっていました。

閉山後は、滋賀へ移った弟の誘いをことわり、端島のそばに住みたいと、高島にあった退職後

現在の私。廃墟となった端島で（撮影 松尾順造）

の端島出身者用に割りあてられた寮のあき部屋に住み、端島をながめて余生をすごしました。末弟である四男栄輔は長崎の高校に進学、卒業後高島町役場に就職していました。彼が両親の面倒を見てくれたので、安心していられました。彼は退職まで役場に勤務したあと長崎市（本土）に移りました。

両親とも端島がいちばんくらしやすいといっていました。とくに母は山道にお大師様を祭り、お寺の名代のようなことをしていましたので、父母とも端島のお寺から戒名をもらいました。とてもいい戒名で、位牌をつくりにいった寺町の仏具屋から「こんな戒名は50年に1度あるかどうかですよ」といわれたくらいです。

林兼造船長崎造船所へ就職後の日々

私は、当初組合から「工作課の人は三菱長崎造船所に就職できるだろう」という話をきいていました。おなじ三菱グループで組合もおなじ同盟系の組織だから安心していいと思っていました。しかし、実現しませんでした。理由はよくわかりませんでしたが、昭和48年（1973）10月以降の第一次オイルショックの影響ではないかと思いました。

そこで、いままでお話ししたようにおなじ造船業で当時深堀にあった林兼造船長崎造船所が再就職先になりました。しかし、入社後わずか4年後の昭和53年（1978）、オイルショックにより世界各国が石油の節約をはじめたので、大量の輸出船を抱えていた造船所はつぎつぎと契約をキャンセルされ、わが国の造船産業は不況になりました。

準大手の林兼造船は30パーセントの生産設備を削減することになり、下関造船所か長崎造船所のどちらかを閉所することになりました。

長崎造船所は、大洋漁業が漁船の修理をおこなうためつくった子会社林兼船渠《せんきょ》のみを残し、閉鎖されることになりました。私は、また再就職に走りまわるかと思っていましたが、林兼船渠への入社が決まりました。そのあとは林兼船渠で労働組合を結成し、組合幹部を兼任しつつ定年まで勤務しました。

閉山後、長崎市に移り、林兼に入り、ダイヤランドに自分の土地と家を手にいれました。会社を退職したら島を出ていかなければならなかったので、端島にいたときは船上生活者のようなふわふわした感じで、高島町民、長崎県民という意識は希薄でしたが、自分の土地に家をたてたときにはじめて「長崎市民、長崎県民になったなあ」という気もちになりました。

あとがき

端島炭坑が昭和49年（1974）に閉山したときから端島会が結成されました。閉山30年後（2004）には東京、名古屋、大阪地区の端島会は解散しました。しかし私は地元の長崎端島会だけは、かんたんには解散するわけにはいかないとつよく感じて、昨年（2014）閉山40周年の記念行事を催し、40人が端島に上陸、その後、懇親会で旧交を温めました。そのとき多田智博端島会会長より私が指名されて端島会会長となりました。

その記念のイベントの写真展、シンポジウムには延3千人以上の人が参加していただき、端島のことを知ろうとする熱心さに心をうたれるものを感じました。このイベントでは軍艦島コンシェルジュの久遠龍史、裕子ご夫妻にたいへんお世話になりました。

2015年7月5日、端島は「明治日本の産業革命遺産」のひとつとして世界文化遺産に登録されました。韓国の反対でどうなるかわからず心配しましたが、ようやくきまり安堵しました。

全国の端島元島民は、端島が世界文化遺産になったことを誇りに思ったことでしょう。

私は、もうれしくて今度、端島に上陸したら「おーい端島、目を覚ませ端島は世界遺産になったよ！」と大声でさけびたくなりました。

これまでに端島炭坑（軍艦島）に関する書籍や写真集はたくさん出版されています。閉山から廃墟、そして世界遺産とそれぞれの立場からくわしく述べられていますが、島外者の憶測にすぎないところもあります。

少し気になるのは、ガイドさんが検身所にいく階段を、命の橋といって説明していることです。最近では命の階段というガイドさんもいます。このような話を当時の端島で聞いたことはありません。世界遺産にふさわしい正確なガイドをお願いしたいものです。

この端島で生まれ、育ち、端島閉山まで働いた私の自分史が、端島を理解してもらい、後世に語り継ぐ一助になればと思ってこの本を書きました。

私がいまでも忘れないのは、三菱高島礦業岩間社長（当時）が端島坑長のときの話です。私が入社したころのことです。

「炭坑ほど多くの人が同じところに住み、同じ職場で働いているところはない。従って家庭においても職場においても人の和が必要だ。そしてこれはお互いがよく知り合い心と心が触れ合うことだ。なかなか思うようにいかぬが、人の和が完成して炭鉱の幸福が実現する。端島には昔からなごやかな親しい気分が充溢している。このよい気風はいつまでも持続させたい」

私はこの言葉を心に、端島会を引き継いで行こうと思っています。

この本の出版に際し、冒頭に「発刊に寄せて」として、田上富久長崎市長にご懇篤なるお言葉を賜り、感謝の念に堪えません。

また長崎市の世界遺産推進室のみなさま、端島会のみなさまなどの温かい励ましのおかげでようやくまとめることができました。軍艦島研究同好会代表の後藤惠之輔長崎大学名誉教授には、とくに貴重な資料のほかいろいろなことを教えていただきました。本の編集では、長崎文献社の専務取締役堀憲昭氏にたいへんお世話になりました。厚くお礼申し上げます。

【参考文献】

高島町教育委員会編（２００４）『端島（軍艦島）』高島町教育委員会

記念アルバム〝はしま〟編集委員会編（１９７４）『〝はしま〟▲閉山記念特集号▼』

端島労働組合編（１９７４）『軍艦島 端島労組解散記念史』端島労働組合

長崎文献社編・軍艦島研究同好会監修（２０１０）『長崎游学マップ④軍艦島は生きている！』長崎文献社

高島町立端島小中学校（１９７４）『学校沿革誌１９７４』

三菱鑛業株式会社高島礦業所（１９５３）『端島礦概要　昭和廿八年八月』

朝日新聞西部本社開発課編（１９７４）『聞き書き・・・軍艦島』長崎県朝日会

生田文子編（１９６８）『端島Ｐ・Ｔ・Ａ会報（昭和43年3月10日）』端島小中学校ＰＴＡ

端島閉山40周年記念事業実行委員会・編（２０１４）『GREAT HASHIMA 大いなる端島』忘羊社

山本作兵衛（２０１１）『筑豊炭坑絵巻　新装改訂版』海鳥社

長船１５０年史編纂委員会編（２００７）『長船よもやま話：創業１５０周年記念』三菱重工業長崎造船所

呉市海事歴史科学館編・戸高一成監修（２００５）『呉市海事歴史科学館図録　福井静雄コレクション傑作選　日本海軍艦艇写真集　戦艦・巡洋戦艦』ダイヤモンド社

片桐大自（２００３）『聯合艦隊軍艦銘銘伝〈普及版〉』光人社

総理府統計局編（１９６４）『昭和38年住宅統計調査報告 第3巻その42長崎県』総理府統計局

総理府統計局編（１９６９）『昭和43年住宅統計調査報告 第3巻その42長崎県』総理府統計局

ネイビーヤード編集部編（２０１２）『The Battle Ship of The Imperial Japanese Navy 日本海軍の戦艦 主力艦の系譜１８６８・１９４５』アートボックス

朝日ジャーナル編（１９７４）「ああ軍艦島―ある労働者の転職」『朝日ジャーナル』（昭和49年5月17日号）朝日新聞社

よむ編（１９９４）「特集軍艦島閉山20年」『よむ』（第35号 １９９４年2月号）岩波書店

小田野純丸・荒谷勝喜共著（２００７）「日本のエネルギー産業の構造変化―石炭産業の衰退と流体革命―」『彦根論叢』第３６７号（彦根論叢電子版）滋賀大学経済経営研究所

國友宏俊（２００９）「我が国石炭政策の歴史と現状」（石炭エネルギーセンター「平成20年度石炭基礎講座」講演資料）経済産業省資源エネルギー庁ホームページ

嶋﨑尚子（２０１３）「石炭産業の収束過程における離職者支援」『日本労働研究雑誌』（№６４１）労働政策研究・研修機構

三菱重工業（株）ホームページ

長崎大学附属図書館ホームページ
野母商船グループホームページ

著者略歴

加地　英夫 *Hideo Kaji*

1932年（昭和7年）端島生まれ。
長崎県立瓊浦中学時代に被爆。
新制高校長崎西高を卒業して端島の「三菱砿業」に就職。
工作課勤務で閉山まで働く。
現在、「長崎端島会」会長を務める。

私の軍艦島記　端島で生まれ育ち閉山まで働いた記録

発行日　初版　2015年12月1日　　第2版　2024年11月13日

著　者　加地　英夫（かじ　ひでお）

編集人　堀　憲昭

発行人　片山　仁志

発行所　株式会社 長崎文献社
〒850-0057　長崎市大黒町3－1　長崎交通産業ビル５階
TEL 095-823-5247　ファックス 095-823-5252
ＨＰ：https://www.e-bunken.com
E-mail：info@e-bunken.com　　nagasakibunkensha@gmail.com

本書をお読みになったご感想・ご意見をお寄せください。

印刷所　株式会社 インテックス

ISBN978-4-88851-248-0　C0095

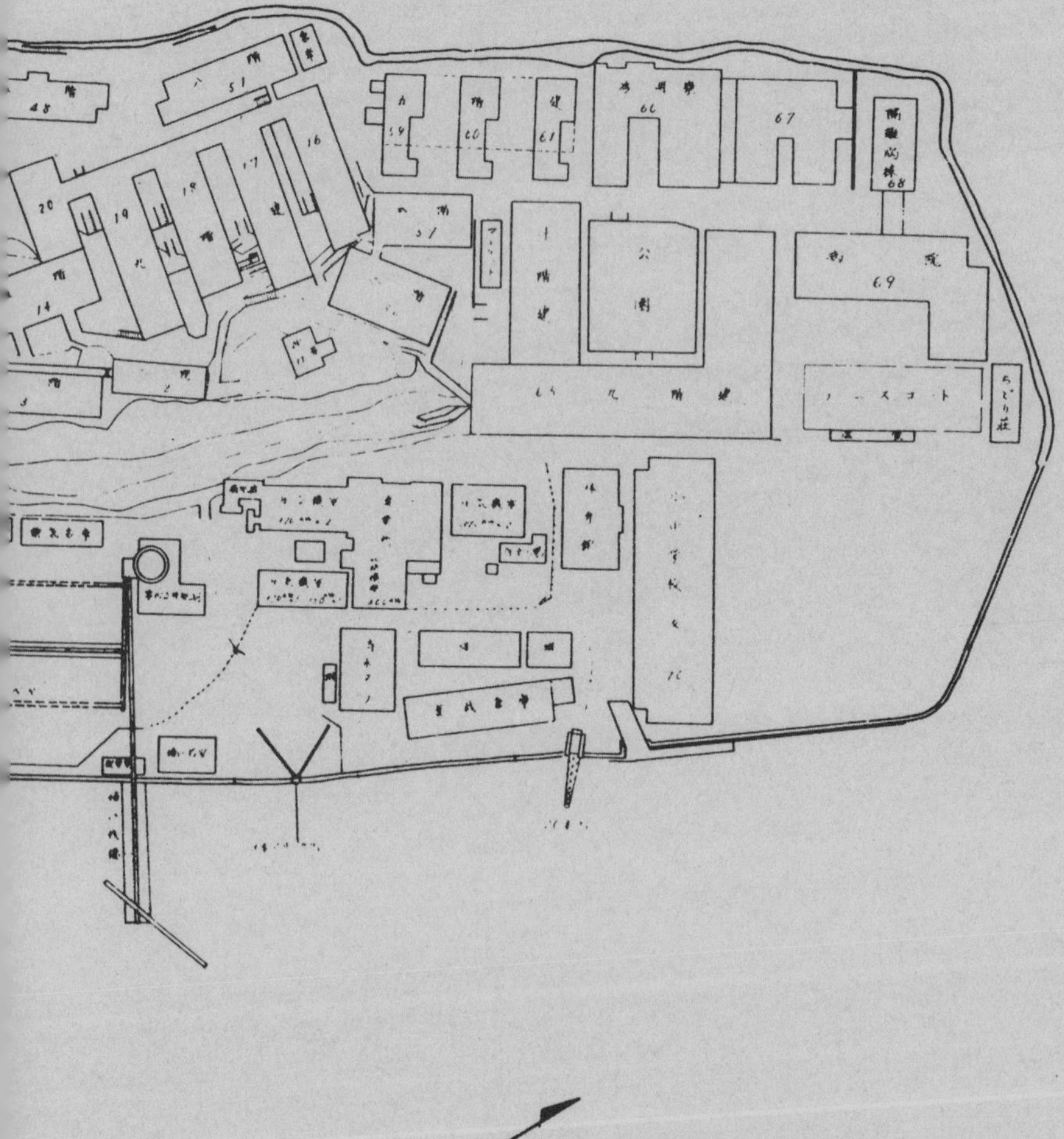

端島全図（『軍艦島－端島労組解散記念誌』より）